Viel Spaß mit

INTERNET
&
E-MAIL

Dieses Buch gehört:

Vorname: ______________________

Name: ______________________

Geburtstag: ______________________

So einen Computer habe ich:

____

Mein Lieblingscomputerspiel:

____

Viel Spaß mit INTERNET & E-MAIL

Frank E. Callies

SYBEX

Projektmanagement: Simone Schneider
Endkontrolle: Mathias Kaiser Redaktionsbüro, Düsseldorf
Lektorat, DTP: ce redaktionsbüro für digitales publizieren, Erkelenz
Illustrationen: Hendrik Kranenberg
Umschlaggestaltung / Farbreproduktion: .eps GmbH, Düsseldorf
Belichtung, Druck und buchbinderische Verarbeitung: Media-Print GmbH, Paderborn

ISBN 3-8155-4027-5
1. Auflage 2001

Printed in Germany

Inhalt

Einleitung

Ein Vorwort für die Eltern

Das Internet und Computer generell sind heute aus dem Alltag nicht mehr wegzudenken. Computerwissen gehört heute unbestritten zur Allgemeinbildung. Bereits in der Grundschule werden Computer eingesetzt und Kinder, die eine weiterführende Schule besuchen, haben ohne Computerkenntnisse Nachteile gegenüber ihren Mitschülern.
Was liegt da näher, als bereits früh den Umgang mit dem Computer und dem Internet einzuüben und zu lernen, wie hilfreich dies bei alltäglichen (Haus-) Aufgaben, aber auch bei kreativen Tätigkeiten sein kann?!
Diese Buchreihe bietet einen spannenden Einstieg in die Welt der Computer und des Internets. Dies geschieht auf eine Weise, die nicht nur effektiv neues Wissen vermittelt, sondern den Kindern (und Erwachsenen) auch viel Spaß macht. Auf diese Weise wird auch Ihr Kind mit Interesse und Spaß alle wichtigen Grundlagen der Arbeit mit Computern und des Internets kennen lernen.
Mithilfe dieses Buches werden Kinder zu selbstständigen und sicheren Internet-Benutzern.

Was lernt Ihr Kind in diesem Buch?

Zu Beginn erfährt Ihr Kind, was das Internet überhaupt ist und wie es sich entwickelt hat. Im weiteren Verlauf geht es darum, wie eine Verbindung vom heimischen PC zum Internet hergestellt wird. Ihr Kind erfährt dabei alles Wichtige über die notwendigen Voraussetzungen, die der Computer dazu mitbringen muss und lernt wichtige Softwareprogramme kennen, die für die tägliche Arbeit im Internet benötigt werden.

Auch die Bedienung des Internet-Browsers, also des Programms, mit dem man die Seiten aus dem Internet anzeigen kann, wird ausführlich eingeübt.

In einem weiteren Abschnitt geht es darum, die richtigen Informationen im Internet zu finden, ohne sich im riesigen Netz zu »verlaufen«. Ihr Kind lernt dazu geeignete Suchdienste kennen und ist danach in der Lage, diese effizient zu bedienen.

Außerdem werden Web-Seiten vorgestellt, die besonders gut für Kinder geeignet sind, so dass Ihr Kind nach der Arbeit mit diesem Buch bereits eine ganze Reihe sinnvoller und spaßiger Anlaufstellen im Internet kennt.

Kinder interessieren sich naturgemäß besonders stark für die praktischen Möglichkeiten – zum Beispiel, Musik aus dem Internet herunterzuladen. Hierzu wird alles erklärt, was notwendig ist.

Neben dem Downloaden von Musik wird auch erklärt, wie man sinnvolle und hilfreiche Programme kostenlos aus dem Internet laden kann. Hierzu werden die geeigneten Adressen im Internet vorgestellt und es wird genau erläutert, wie Programme oder Dateien ohne Risiko auf den eigenen PC geladen werden können.

Ein wesentlicher Teil des Buches beschäftigt sich mit den Möglichkeiten der elektronischen Post im Internet. In dem entsprechenden Kapitel wird zunächst erläutert, was E-Mail ist und wie der E-Mail-Verkehr grundsätzlich funktioniert.

Danach werden anhand des weit verbreiteten E-Mail Programms Outlook Express alle wichtigen Funktionen beim Versenden oder Empfangen von E-Mails behandelt.

Ihr Kind erfährt dabei alles, was es für ein sicheres Arbeiten mit E-Mail benötigt. Angefangen bei den Fragen: »Was ist überhaupt eine E-Mail-Adresse? Wie bekomme ich selbst eine E-Mail-Adresse?« bis zum Verschicken und Empfangen von Daten werden alle Details mithilfe von vielen Bildschirmfotos und Illustrationen erläutert.

Eine bei Kindern besonders beliebte Funktion im Internet wird in dem Abschnitt über das Chatten behandelt. Hier lernt Ihr Kind alles, was es beim Chatten zu beachten gilt; unter anderem werden kindgerechte Chat-Adressen vorgestellt. Es wird aber auch nicht vergessen, auf Vorsichtsmaßnahmen in Chat-Bereichen hinzuweisen.

Natürlich werden auch die zu beachtenden Sicherheitsaspekte im Internet ausführlich behandelt. Ihr Kind erfährt hier, was es mit Raubkopien auf sich hat und welche Seiten im Internet auf keinen Fall für Kinder geeignet sind. Darüber hinaus lernt Ihr Kind wichtige Verhaltensgrundregeln kennen, zum Beispiel niemals die eigene Postadresse oder Telefonnummer preiszugeben.

Nach dem Lesen dieses Buches ist Ihr Kind in der Lage, sicher und selbstständig im Internet zu surfen und Internet-Dienste wie zum Beispiel E-Mail oder Newgruppen in Anspruch zu nehmen.

Wir begleiten dich durch dieses Buch

Hallo, ich bin Roberick 2! Meine Freunde nennen mich aber einfach Robbi. Ich werde dich und meine Freunde, Tina und Tim, durch dieses Computerbuch begleiten. Gemeinsam werden wir herausfinden, wie das Internet funktioniert und was man im Internet alles machen kann.

Hi! Ich bin Tina, die Schwester von Tim. Wir bekommen gerade einen Internet-Anschluss. Da kannst du dir ja vorstellen, dass wir eine Menge neuer Dinge ausprobieren müssen. Zum Glück haben wir Robbi! Der kennt sich mit dem Internet total gut aus.

Hallo! Ich bin Tim, der Bruder von Tina. Nur weil ich ein paar Minuten später zur Welt gekommen bin, nennt sie mich immer ihren »kleinen« Bruder. Ich bin schon wahnsinnig gespannt, was wir mit dem Internet so alles machen können. Robbi ist ja Experte, der kann uns alles erklären.

Natürlich sollst du nicht nur etwas lernen, sondern kannst auch mit mir und meinen Freunden viel Spaß haben. Einige Spiele und andere Dinge, die du direkt ausprobieren kannst, sind auf der CD-ROM (das ist die silberne Scheibe hinten im Buch).

Und damit auch deine Eltern etwas von diesem Buch haben, gibt es am Ende auch noch wichtige Tipps für Eltern, damit die sich keine Sorgen machen müssen, wenn ihr mal an Papas oder Mamas Computer arbeiten wollt.

So kannst du mit diesem Buch arbeiten

Damit du dich in diesem Buch sofort zurechtfindest, habe ich jeweils am Seitenrand neben dem Text überall kleine Bilder und Zeichen angebracht, wo es etwas besonderes zu beachten gibt. Schau dir die Zeichen also genau an, bevor du mit der Arbeit beginnst!

Achtung!

Wenn du dieses Zeichen siehst, weißt du sofort: Achtung! Hier kommt eine wichtige Information. Du solltest dann ganz besonders aufmerksam lesen, was neben dem Zeichen steht.

Unbedingt merken!

Wenn dieses Zeichen auftaucht, solltest du dir etwas merken, oder besser noch, aufschreiben.

Wenn dieses Zeichen am Rand erscheint, gibt es Arbeit für dich. Es folgt dann eine Übung oder eine Aufgabe, die du mithilfe des Computers lösen musst.

Das Zeichen rechts findest du immer dort, wo es ein bisschen kompliziert wird. Du solltest dann ruhig mal deine Eltern oder ältere Geschwister um Rat fragen.

Dieses Zeichen bedeutet: Eltern fragen. An dieser Stelle geht es um ein Thema, das du mit deinen Eltern besprechen solltest.

Im Internet wird viel Englisch gesprochen und geschrieben. Die englische Flagge zeigt dir, wenn eine Internet-Adresse angegeben ist, für die du schon ein wenig Englisch können solltest.

So solltest du das Buch lesen

Wie du mit dem Buch am besten arbeitest, hängt vor allem davon ab, wie viel du schon über Computer und das Internet weißt. Wenn du noch ein richtiger Anfänger oder eine Anfängerin bist und bisher noch gar nichts mit dem PC gemacht hast, solltest du die Kapitel möglichst genau in der Reihenfolge bearbeiten, wie sie auch im Buch angeordnet sind – also von vorne bis hinten.
Wenn du schon öfter mit Computern gearbeitet oder gespielt hast und zum Beispiel schon weißt, wie man ein Programm startet, dann kannst du die einzelnen Themen so durcharbeiten, wie es dir gefällt.
Zum Thema Computer und Internet gibt es Tausende von englischen und deutschen Fachwörtern. Natürlich musst du die nicht alle kennen oder auswendig lernen. Die wichtigsten Begriffe sind in einem Computerlexikon am Ende des Buches (ab Seite 182) erklärt. Wenn im Text also mal ein Wort auftaucht, das du nicht kennst, schau doch einfach im Lexikon nach!

Die CD im Buch

Sicher hast du schon die silberne Scheibe im Buch entdeckt. Das ist eine CD-ROM, auf der Informationen, Programme und Spiele zu finden sind. Um die CD-ROM benutzen zu können, muss dein Computer ein CD-ROM Laufwerk besitzen. Alle Übungen und Aufgaben im Buch sind aber so angelegt, dass du sie auch ohne die CD-ROM durchführen kannst. Immer wenn es um etwas geht, das auch auf der CD-ROM gespeichert ist, findest du am Seitenrand dieses Zeichen.

Das bedeuten die Anweisungen im Buch

Eingabe über die Tastatur

Hier sollst du etwas auf der Tastatur eintippen.

Mausklick

Hier heißt es: den Mauszeiger auf ein Bild oder einen Gegenstand bewegen und einmal die linke Maustaste drücken.

Doppelklick

Zwei Mäuse: den Mauszeiger auf ein Bild oder einen Gegenstand bewegen und zweimal ganz schnell hintereinander die linke Maustaste drücken

Rechtsklick

Der funktioniert genau wie der normale Mausklick. Hier wird aber die rechte Maustaste gedrückt.

Mit der Maus etwas ziehen

Dabei musst du mit dem Mauszeiger auf den Gegenstand oder das Bild fahren, das du bewegen willst. Dann musst du die linke Maustaste drücken und festhalten. Jetzt kannst du die Maus bewegen und dabei den Gegenstand mitziehen. Das Ganze nennt man auch Drag & Drop (sprich: »dräg änd dropp«).

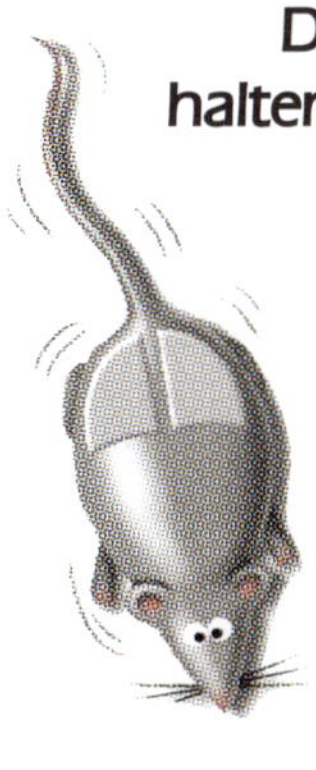

Maus bewegen

Hier musst du die Maus auf ein bestimmtes Bild, ein Objekt oder einen Menüeintrag bewegen.

Diese Tasten sollrest du kennen

Für die Aufgaben und Beispiele in diesem Buch benötigst du häufig die folgenden Tasten:

Strg ist die Abkürzung für Steuerung.

Die Alt-Taste

Die Funktionstaste F1

Die AltGr-Taste

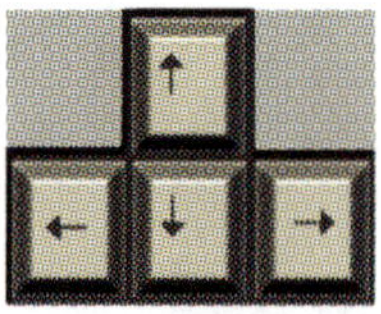

Die Pfeiltasten (oder Cursortasten)

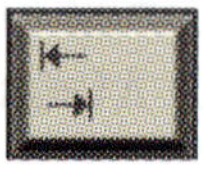

Die Tabulatortaste

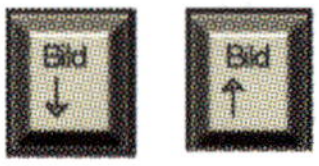

Die Tasten Bild abwärts und Bild aufwärts

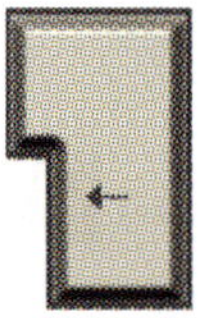

Die Eingabetaste

Schau dir doch schon einmal an, wo sich diese Tasten auf deiner Computertastatur befinden!

Die Computertastatur. Schau doch einmal nach, wo sich die genannten Tasten auf der Tastatur, die an deinen PC angeschlossen ist, befinden.

So, jetzt geht's aber los! Ich wünsche dir viel Spaß beim Lesen und Ausprobieren. Vorher gibt es noch ein paar wichtige Sicherheitshinweise. Die solltest du dir auf jeden Fall zu Gemüte führen, bevor du deine ersten Seiten im Internet anklickst!

Sicherheitshinweise

Moment mal! Bevor wir uns ins Internet-Vergnügen stürzen, gibt es – genau wie im Flugzeug beim Start in den Urlaub – erst mal ein paar Sicherheitshinweise, die du unbedingt beachten musst.
Es geht dabei vor allem darum, dass es im Internet neben vielen interessanten und lustigen Dingen auch solche gibt, die für Kinder nicht geeignet sind. Genauso gibt es im Internet außer den vielen netten Leuten (wie dich, mich oder deinen Eltern) auch solche, denen du nicht vertrauen kannst. Ja, es befinden sich sogar solche darunter, die man als echte Verbrecher bezeichnen könnte!
All diese Gefahren kannst du aber leicht vermeiden, wenn du dich an die folgenden Sicherheitshinweise hältst.

1 Besuche im Internet immer nur solche Seiten, von denen du weißt, was dich dort erwartet (zum Beispiel solche, die du in diesem Buch kennen lernst oder solche, die du über eine Kinderstartseite erreichst). Neue Internet-Adressen probierst du am besten zuerst einmal gemeinsam mit deinen Eltern aus. Weiter hinten im Buch erfährst du, wie du deine Lieblingsadressen ganz leicht speichern kannst. Dann findest du sie immer sofort und ohne Suchen wieder.

2 Wenn du einmal auf eine Seite stoßen solltest, auf der Dinge zu sehen sind, die du nicht verstehst oder die dir unangenehm sind, blättere einfach eine Seite zurück oder wechsle wieder zu deinen Lieblingsseiten. Es ist nicht cool oder stark, sich Seiten anzuschauen, die einem Angst machen oder die man eklig findet. So was machen nur Dummköpfe.
Falls du einmal auf einer Kinderseite auf Dinge stoßen solltest, die du nicht verstehst, die dir merkwürdig vorkommen oder die dir Angst machen, solltest du das deinen Eltern erzählen.

3 Hier kommen ein paar wichtige Regel für E-Mail und Chat. Weiter hinten im Buch lernst du unter anderem, wie du mit anderen Kindern im Internet chatten oder E-Mails austauschen kannst. Dabei gibt es ein paar besonders wichtige Regeln zu beachten:

- Gib niemals (und ich meine wirklich NIEMALS ...) persönliche Daten wie deinen Namen, deine Adresse oder ein Foto von dir in einem Chat-Raum oder in einer E-Mail an Unbekannte weiter.

- Antworte niemals auf E-Mails oder Beiträge in Newsgruppen oder Chat-Räumen die ...
  ... dir merkwürdig vorkommen
  ... unanständig sind
  ... dir Angst machen
  ... dich auffordern, persönliche Daten von dir preiszugeben
  ... dir irgendwie unangenehm sind

- Benachrichtige sofort deine Eltern wenn ...
  ... dir jemand ein Geschenk, Geld oder sonst etwas Tolles anbietet.
  ... jemand deinen echten Namen oder deine Adresse wissen möchte
  ... sich jemand mit dir verabreden oder dich zu Hause besuchen möchte.

4 Personen im Internet (zum Beispiel in Chat-Räumen) sind manchmal ganz anders als sie sich dort selbst vorstellen. Manche sind vielleicht schon 30 Jahre alt, obwohl sie behaupten, sie wären erst 12. Ein 11-jähriges Mädchen aus einem Chat-Raum kann in Wirklichkeit vielleicht ein 40-jähriger Mann sein!

Halte dich beim Surfen immer an diese Regeln, dann kann nichts schief gehen, und du hast im Internet viel mehr Spaß. Denke immer daran, dass du persönliche Daten – dazu gehört zum Beispiel auch deine Adresse oder deine Schule – niemals an Fremde weitergeben darfst. Und wenn du dir einmal unsicher bist, frage einfach deine Eltern.
Weitere wichtige Informationen zu diesen Themen findest du unter
http://www.blinde-kuh.de/fbitips.html

Was ist das Internet?

In diesem Kapitel erfährst du, was das Internet eigentlich ist und wie es entstanden ist. Wenn du das Kapitel gelesen hast, weißt du, wie die vielen Computer im Internet zusammenhängen und wie die Daten zwischen ihnen transportiert werden. Du erfährst, dass das Internet aus vielen Teilen besteht. Ein Teil davon ist das World Wide Web.

Endlich ist es so weit!
Morgen bekommen wir einen Anschluss an das Internet.

Ja, dann können wir endlich im World Wide Web surfen ...

... und E-Mails verschicken ...

... und chatten und Web-Seiten besuchen. Mensch, ich freue mich schon riesig darauf!

Wisst ihr denn überhaupt, was das Internet ist?

Mmh, ich weiß nur, dass da irgendwie viele Computer miteinander verbunden sind.

Genau, und die können Mails oder Musik oder andere Daten hin- und herschicken. Aber wie das genau funktioniert, weiß ich auch nicht.

Dann wisst ihr wahrscheinlich auch nicht, dass es das Internet noch gar nicht so lange gibt, und dass es noch vor wenigen Jahren ganz anders aussah als heute.

Ja, wie denn?

Na, dann macht's euch erst mal bequem. Ich erzähle euch jetzt, wie das Internet entstanden ist, und was es eigentlich genau ist.

Ganz am Anfang stand in den USA eine Computernetzwerk. Ihr wisst ja, in einem Computernetzwerk sind mehrere Computer miteinander verbunden und können untereinander Daten hin- und herschicken.

So ein Computernetzwerk haben wir auch bei uns in Schule.

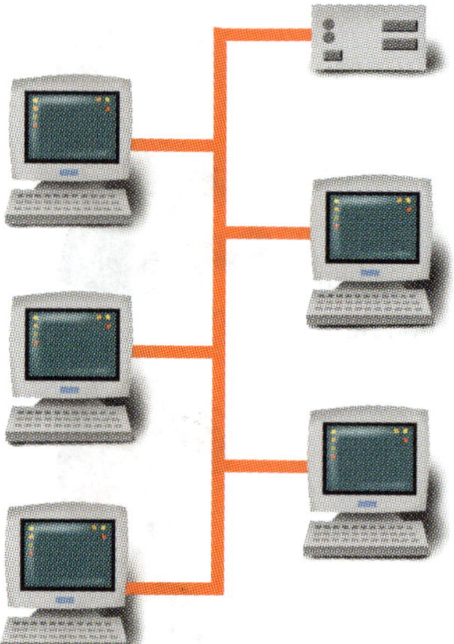

Ein Computernetzwerk

So ist das Internet entstanden

Dann weißt du ja, wie das aussieht. Alle Computer sind mit Kabeln miteinander verbunden. Wenn ihr euch so ein Computernetzwerk etwa 100- oder 1000-mal so groß vorstellt wie das in eurer Schule, dann habt ihr schon eine Vorstellung davon, wie die Vorgängernetzwerke des Internet ungefähr ausgesehen haben. Eines dieser Netzwerke, das als der direkte Vorgänger des Internet gilt, war das so genannte ARPA-Net – ein Netzwerk, das vor allem vom Militär genutzt wurde.

Aber so ein großes Netzwerk passt doch gar nicht mehr in ein Gebäude!

Stimmt! Das ARPA-Net zum Beispiel bestand aus vielen Computern, die quer über die USA verteilt waren. Dieses Netzwerk war schon so groß, dass die einzelnen Computer schon nicht mehr direkt mit Kabeln verbunden werden konnten. Stattdessen wurden die Daten über Telefonleitungen übertragen. So ähnlich wie das heute im Internet auch der Fall ist.

Und wie ist daraus das Internet entstanden?

Das Problem beim ARPA-Net war, dass es den Leuten beim Militär zu anfällig war. Wurde irgendwo im Netzwerk eine Leitung oder ein Computer beschädigt, dann brach direkt das ganze Netzwerk zusammen. Das war natürlich unbefriedigend. Im Falle eines Krieges oder durch einen Anschlag wäre so die gesamte Kommunikation zusammengebrochen.

Da die Menschen zu dieser Zeit ständig Angst vor einem Krieg hatten, entwickelten sie das Netzwerk so weiter, dass nicht mehr einfach Daten zwischen zwei Computern hin- und hergeschickt wurden. Statt dessen entwickelte man ein Verfahren, das die Daten so schlau in kleine Pakete packten, dass selbst ein kaputtes Kabel oder ein ausgefallener Computer den Transport nicht mehr verhindern konnten. Man nannte dieses Verfahren (Fachleute sagen dazu »Protokoll«) auch TCP/IP.

TCP/IP

DAS Protokoll im Internet

Die kleinen Teile oder Pakete, die von einem Computer zum anderen geschickt wurden, konnten zum Beispiel einfach umgeleitet werden, wenn irgendwo eine Unterbrechung auftrat.

Später wurden auch andere Netzwerke mit dem ARPA-Net verbunden, und im Laufe der Zeit waren weltweit Computer auf diese Weise miteinander vernetzt. Auf diese Weise entstand das, was wir heute »Internet« nennen.

Allerdings waren es in den ersten Jahren fast ausschließlich Universitäten und Wissenschaftler, die das Internet für ihre Zwecke nutzten. Auch gab es noch keine Web-Seiten mit Bildern, Musik oder Videos. Die Internet-Programme der damaligen Zeit sahen ziemlich langweilig aus und waren oft sehr kompliziert.

So ähnlich sahen Internet-Programme früher aus. Keine Bilder, keine Musik, nur Texte ...

Die meisten Leute benutzten das Internet lediglich dazu, E-Mails rund um die Welt zu verschicken. Aber das war damals noch eine echte Ausnahme. Menschen, die nicht an einer Universität beschäftigt waren, hatten im Normalfall gar keinen E-Mail-Anschluss und mussten noch alles per Brief oder Telefon erledigen.

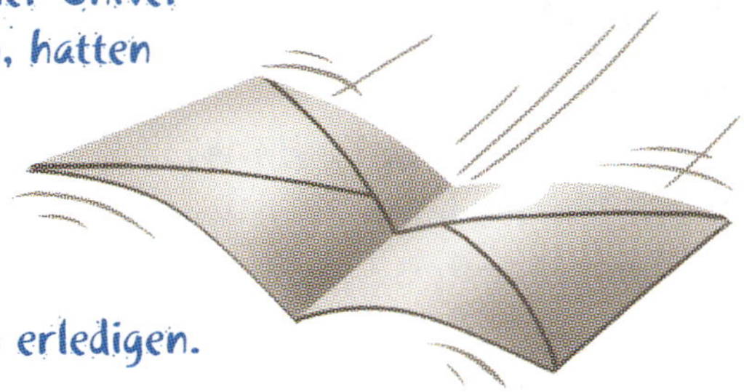

Noch in den 1970er- und 1980er-Jahren wurde das Internet zum überwiegenden Teil für E-Mail benutzt.

Internet und World Wide Web sind nicht das Gleiche

Aber wie entstand denn dann das Internet, so wie es heute ist?

Das ist eine interessante Geschichte. Es erfand nämlich jemand eine Möglichkeit, nicht nur schmucklose Texte im Internet zu versenden, sondern auch Bilder, Musik und Videos. Dieser Teil des Internet, in dem das möglich war, nannte man »World Wide Web« oder kurz »WWW«.

WWW = World Wide Web

Dann ist das World Wide Web und das Internet gar nicht dasselbe?

Nein, das World Wide Web ist nur ein Teil des Internet. Allerdings ist es heute der bekannteste und am häufigsten genutzte Teil. Mit der Einführung des World Wide Web wurde das Internet dann auch schlagartig bekannt und beliebt. Plötzlich wollte jeder ins Internet.

Klar, mit Bildern macht das ja auch viel mehr Spaß!

Stimmt. Aber noch wichtiger war, dass man im World Wide Web einfach durch Anklicken eines Knopfes oder eines bestimmten Wortes in Sekundenschnelle von einem Computer in Berlin zum Beispiel zu einem in Australien oder in Japan surfen konnte, ohne dass man vorher eine komplizierte Adresse eingeben musste.

Was ist eigentlich …
… ein Internet-Server?

Server (sprich: »sörwer«) nennt man in einem Netzwerk die Computer, die besondere Aufgaben übernehmen. Ein Server steuert zum Beispiel die Verbindungen zwischen den verschiedenen Computern im Netzwerk. Im Internet sind die Server die Knotenpunkte, bei denen die Verbindungen von vielen anderen Computern zusammenlaufen. Die Server schicken dann die Daten auf die richtigen Wege, suchen Informationen und Namen oder haben noch andere Aufgaben. Jeder Computer, der eine Verbindung zum Internet herstellen will, muss an einen solchen Server angeschlossen sein. Übersetzt heißt Server übrigens nichts anderes als »Anbieter«.

Übrigens – das »Surfen« im Internet gibt es auch erst seit dieser Zeit. Man stellte sich das damals so vor, dass man wie auf einem Surfbrett durchs Internet gleiten kann, von einem Internet-Server zum nächsten. Es ist noch gar nicht so lange her, da hätten sich die einzelnen Internet-Nutzer noch persönlich kennen können, so wenige waren es.

Und? Wie viele sind es heute?

Das habe ich letztens irgendwo gelesen. Es sind heute mindestens 400 Millionen. Und täglich kommen noch Tausende dazu.

Aktuelle Informationen hierzu findest du auch unter
http://www.nua.ie/surveys/how_many_online/index.html

Was hast du bisher gelernt?

- Das Internet besteht aus vielen kleineren Netzwerken, die insgesamt ein großes Computernetzwerk bilden. Eben das Internet.

- Am Anfang, in den USA, gab es im Internet nur wenige Computer, die zuerst vom Militär und später auch von Wissenschaftlern und Universitäten genutzt wurden.

- Zu dieser Zeit gab es noch keine Bilder, Videos oder Musik im Internet. Internet-Programme waren ziemlich kompliziert zu bedienen. Die wenigen Anwender nutzten das Internet in erster Linie, um elektronische Post zu verschicken.

- Die Möglichkeit, im Internet auch Grafiken, Musik oder bewegte Bilder darzustellen und zu verschicken wurde erst durch die Erfindung des World Wide Web möglich.

- Das World Wide Web ist nur ein Teil des Internet. Mit seiner Hilfe ist es möglich, Texte, Bilder oder Musik so über das Internet zu verschicken, dass die Benutzer alles bequem wie in einem Buch durchblättern können.

- Im World Wide Web ist es möglich, durch einen Mausklick zu vielen verschiedenen Dokumenten auf Computern in der ganzen Welt zu springen. Diesen Wechsel von einem Dokument zu einem anderen und von einem Computer zum anderen nennt man auch »Surfen«.

Wie kommt man ins Internet?

Meine Freundin Sabine und ihre Mutter wollen auch gerne ins Internet. Was brauchen die denn alles dazu?

Auf jeden Fall schon mal einen Computer!

Für den Zugang zum Internet benötigst du auf jeden Fall einen Computer.

Klar, ohne Computer geht gar nichts! Allerdings benötigt man doch zusätzlich zum Computer bestimmt noch ein oder mehrere Programme, damit man die Daten aus dem Internet auch auf dem eigenen Computer anschauen kann, oder?!

Ich glaube, so ein Programm nennt man Internet-Browser.

Exakt, so ist es. Mit einem Internet-Browser kann man sich die Seiten im World Wide Web anschauen und zwischen ihnen hin- und hersurfen.

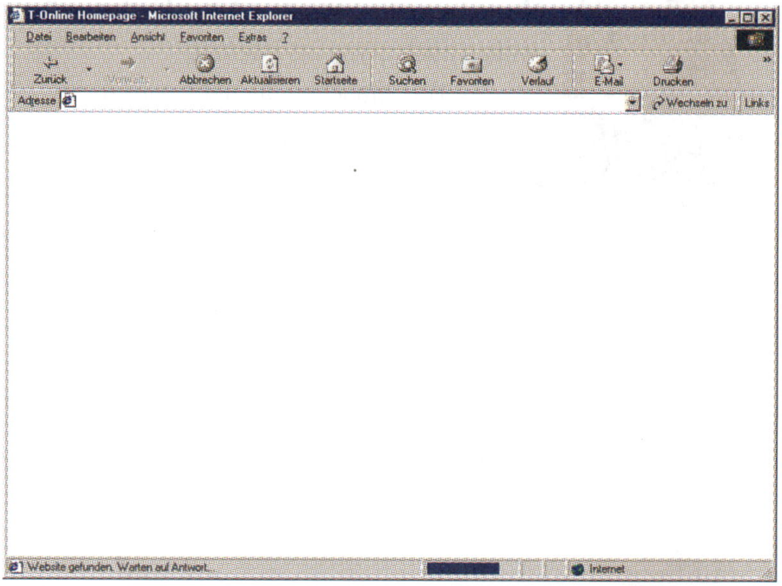

Für den Zugang zum World Wide Web benötigt man unbedingt einen so genannten Browser wie zum Beispiel das Programm »Internet Explorer« der Firma Microsoft.

Und wo bekommt man so ein Browser-Programm her?

Zum Glück gibt es Browser-Programme fast immer kostenlos. Oft sind sie auch schon auf einem Computer vorhanden. Wenn man kein Browser-Programm auf seinem Computer hat, kann man leicht eines installieren. Man findet die Programme oft auf den CDs, die mit vielen Computerzeitschriften ausgeliefert werden.

Was ist eigentlich …
… ein Internet-Browser?

Ein Internet-Browser ist ein Programm, das Seiten aus dem Internet laden und diese auf eurem Bildschirm anzeigen kann. Das bekannteste Browser-Programm ist der Internet Explorer der Firma Microsoft. Das ist die gleiche Firma, die auch die Betriebssysteme Windows 95 oder 98, Windows ME oder Windows 2000 herstellt. Deshalb ist ein Internet Explorer auch meistens schon dabei, wenn man einen Computer kauft.

Wenn man kein Browser-Programm auf seinem Computer hat, kann man leicht eines installieren. Dazu kauft man einfach eine der vielen Computerzeitschriften mit CDs. Auf den meisten davon sind ein oder sogar mehrere verschiedene Internet-Browser enthalten, die man kostenlos auf seinem Computer benutzen kann.

Außerdem findet ihr auf der CD, die zu diesem Buch gehört, natürlich auch einen Browser, nämlich den Internet Explorer der Firma Microsoft.

Mein Freund Marcel hat für seinen Internet-Zugang extra ein Gerät gekauft, ein so genanntes Modem.

Richtig. Damit man seinen Computer per Telefon an das Internet anschließen kann, benötigt man noch ein weiteres Gerät. Das kann ein Modem sein oder eine so genannte ISDN-Einsteckkarte für den Computer.

Ein Modem oder eine ISDN-Karte werden benötigt, um die Daten zwischen dem Computer und dem Telefonanschluss hin und her zu transportieren.

Je nach Telefonanschluss benötigt man für die Verbindung zwischen Computer und Internet ein Modem oder einer ISDN-Karte.

Wenn man noch einen älteren analogen Telefonanschluss hat, benötigt man ein Modem, für einen modernen ISDN-Anschluss eine ISDN-Karte oder ein spezielles ISDN-Modem. Welche Anschlussart die richtige ist, erfährt man zum Beispiel bei der Telekom, wenn man dort seinen Telefonanschluss angemeldet hat. Eure Eltern können euch das aber auch sagen.

Wenn alles richtig angeschlossen ist, braucht man noch eine Telefonnummer, über die man das Internet erreichen kann. Aber das hängt vor allem davon ab, was für eine Art von Internet-Anschluss man hat, und bei welchem Internet-Provider man angemeldet ist.

Wie bitte? »Internet-Provider?« Was ist das denn nun schon wieder?

Wie ihr ja schon wisst, muss jeder einzelne Computer, der eine Verbindung zum Internet aufnehmen will, an einen der vielen Server im Internet angeschlossen sein. Einige Firmen, die solche Server im Internet betreiben, stellen ihre Anschlüsse dafür zur Verfügung, dass Computer wie zum Beispiel eurer hier über diese Server eine Verbindung zum Internet herstellen können.

So verbindet ein Provider deinen Computer mit dem Internet

Firmen, die solche Dienste anbieten, nennt man Internet-Provider oder kurz Provider.

Weil das Betreiben eines Servers im Internet natürlich viel Geld kostet, müssen alle Computer, die sich bei einem solchen Provider an dessen Server anschließen wollen, dafür bezahlen. Meistens funktioniert das so, dass genau gestoppt wird, wie lange ein Computer an das Internet angeschlossen war. Je nach Dauer muss man dann unterschiedlich viel dafür bezahlen.

Internet-Provider

(sprich: »internet proweider«)

Sicher kennst du auch schon Firmen, die als Internet-Provider einen Anschluss an das Internet anbieten. Die bekanntesten sind:

T··Online·

und

AOL.de

Bei manchen Providern kann man sich einfach über eine bestimmte Telefonnummer mit dem Internet verbinden lassen. Bei anderen muss man vorher erst ein Anmeldeformular ausfüllen und einen Vertrag abschließen. Aber das dürfen sowieso nur eure Eltern machen. Also: Erst mal fragen!

Meistens bekommt man von seinem Internet-Provider ein spezielles Programm, das man auf seinem Computer installieren muss. Dieses Programm enthält dann alle notwendige Software, die man für das Surfen und andere Dinge im Internet benötigt.

Um ins Internet zu kommen, müssen fast immer spezielle Programme installiert werden.

Was ist eigentlich ...
... ein Zugangspasswort?

Bei jedem Internet-Provider erhält man einen Benutzernamen und ein spezielles Benuzzerpasswort oder ein Kennwort.

Den Benutzernamen und das Kennwort muss man bei der Einwahl ins Internet angeben, damit der Server-Computer des Providers auch weiß, wer sich da gerade anmelden will.

Dein Kennwort darfst du niemals an jemand anderen verraten, weil derjenige dann auf deine Kosten im Internet surfen kann, wenn er bei der Einwahl deinen Namen und dein Kennwort angibt.

Also nie vergessen: Ein Kennwort oder ein Passwort darf man NIEMALS jemandem verraten. Auch dann nicht, wenn der Andere behauptet, er wäre ein Mitarbeiter deines Internet-Providers!

So kannst du eine DFÜ-Verbindung auf deinem Computer herstellen

Wenn du deine Internet-Verbindung nicht mit der Software von T-Online oder AOL herstellen willst, gibt es eine zweite Möglichkeit, die mit allen Internet-Anbietern funktioniert.

Dabei benutzt du eine so genannte DFÜ-Verbindung auf deinem Computer. DFÜ bedeutet nichts anderes als »Datenfernübertragung«.

Eine DFÜ-Verbindung ist also im Prinzip nichts anderes als eine Verbindung zum Internet, die von allen Programmen genutzt werden kann, so ähnlich wie ein Druckertreiber.

Um eine DFÜ-Verbindung einzurichten, gehst du folgendermaßen vor.

1

Als erstes öffnest du den Arbeitsplatz deines Computers mit einem Doppelklick.

2 Es öffnet sich folgendes Fenster:

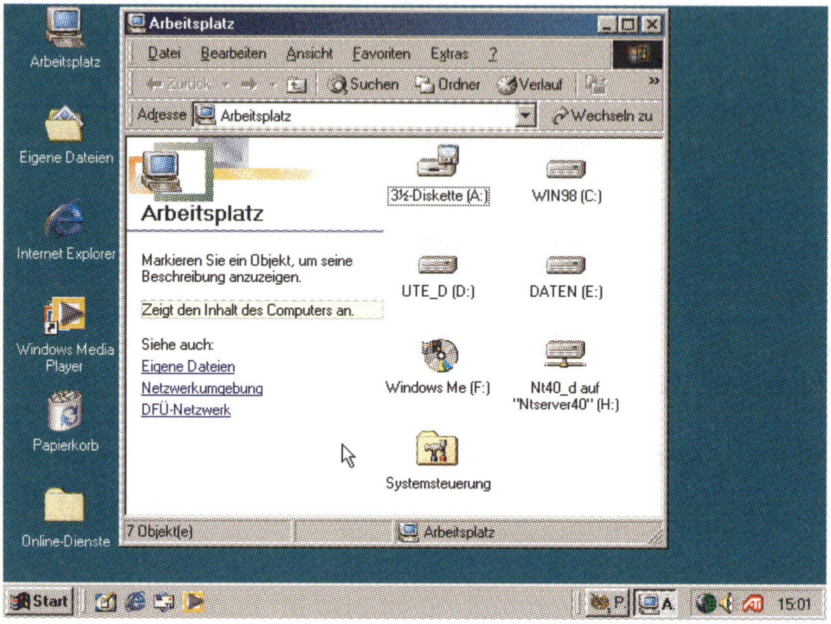

Hier siehst du den Inhalt des Arbeitsplatzes.

3 In diesem Fenster klickst du auf die blaue Zeile DFÜ-Netzwerk.

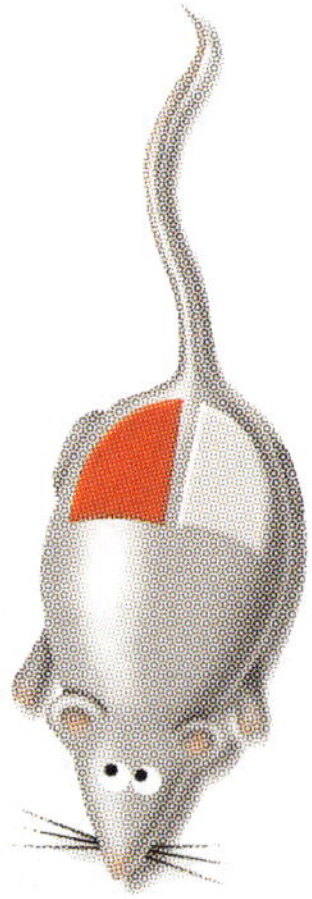

Hier reicht ein Klick auf DFÜ-Netzwerk.

4 Es erscheint ein neues Fenster.

Und schon geht's weiter.

5 Hier klickst du auf den Eintrag `Neue Verbindung erstellen`.

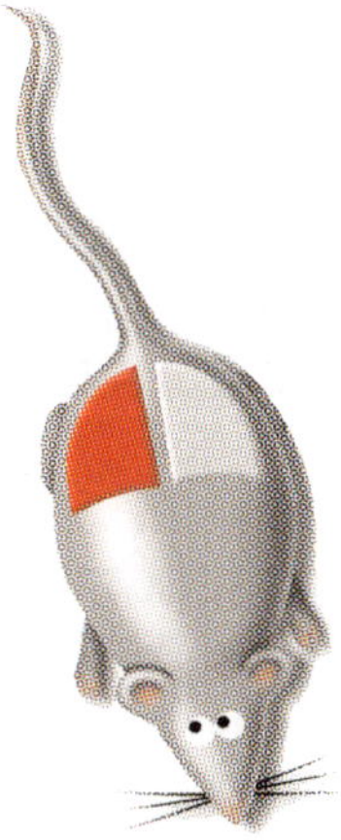

Jetzt wird `Neue Verbindung erstellen` *angeklickt.*

6 Es erscheint das erste Fenster für die Eingabe der Daten der neuen DFÜ-Verbindung.

In die oberste Zeile gibst du nun den Namen ein, den die neue DFÜ-Verbindung haben soll. In unserer Übung lautet die Bezeichnung `Meine neue Internetverbindung`.
Du kannst aber natürlich auch jeden anderen Namen wählen.

`Eigene Verbindung` ***ist schon markiert und kann jetzt überschrieben werden.***

Wenn du alles eingetragen hast, dann klicke auf `Weiter`.

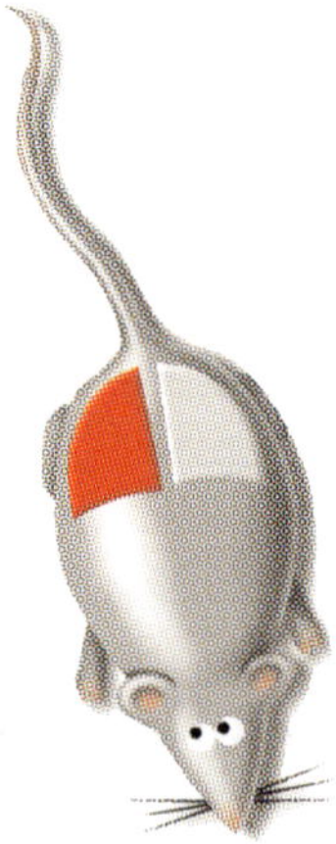

Jetzt reicht ein Klick auf `Weiter`.

7

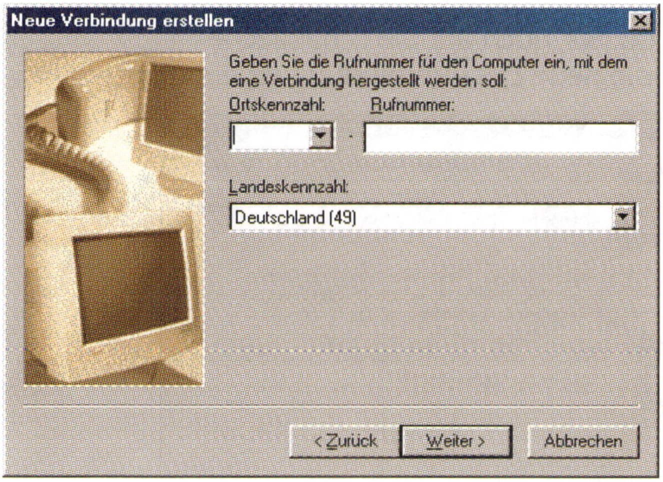

Jetzt folgt die Eingabe der Telefonnummer deines Internet-Providers.

In diesem Schritt musst du die Telefonnummer eintragen, über die dein Computer mit dem Internet Kontakt aufnehmen kann. Du erfährst die Nummer von deinem Internet-Provider.
In unserem Beispiel haben wir die Internet-Zugangstelefonnummer von T-Online eingetragen. Wenn dein Provider nicht T-Online ist, musst du hier natürlich eine andere Telefonnummer eintragen.

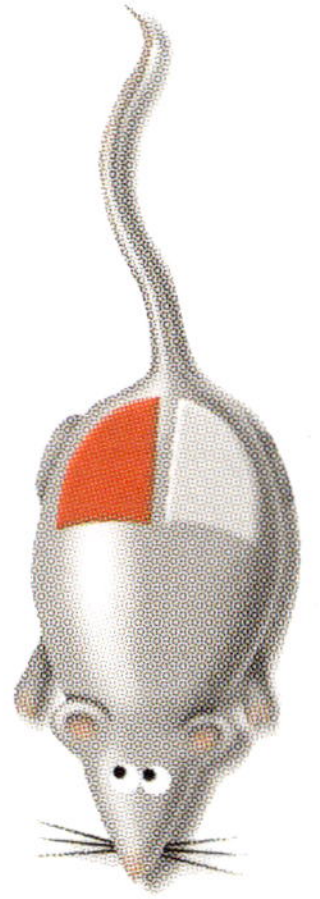

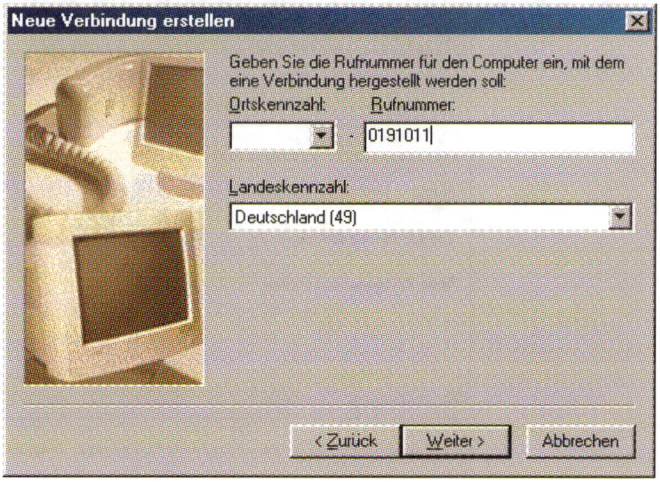

Hier wird die Telefonnummer eingetragen.

Klicke auf Weiter, wenn du die Telefonnummer richtig eingegeben hast.

8 Jetzt musst du nur noch auf die Schaltfläche `Fertig stellen` klicken und die neue DFÜ-Verbindung ist einsatzbereit.

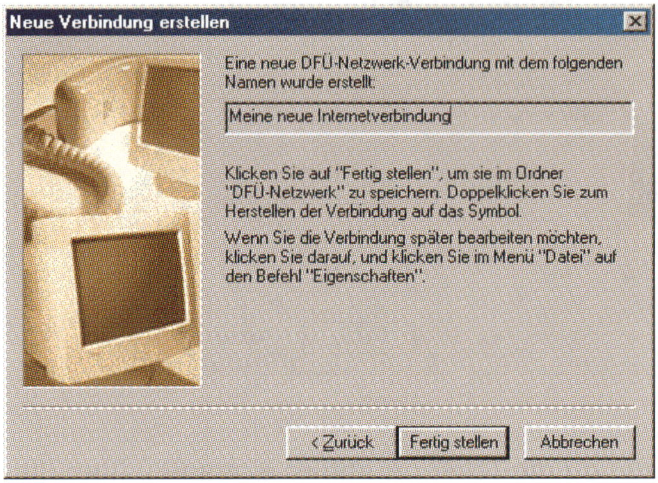

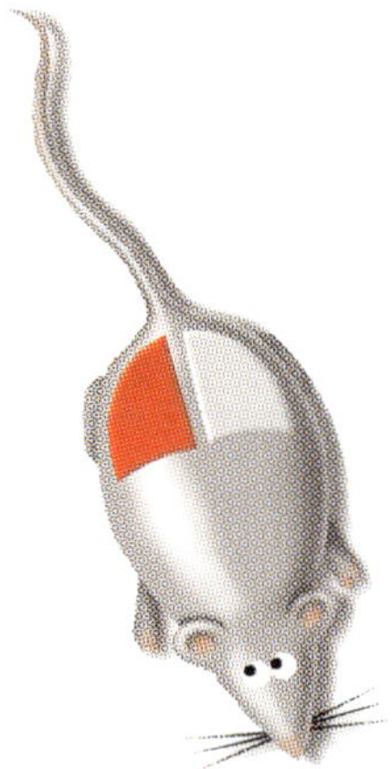

Ein Klick noch bis zum Ende

9 Hier siehst du `Meine neue Internetverbindung`.
Ab jetzt kannst du von jedem beliebigen Programm über diese DFÜ-Verbindung eine Verbindung zum Internet herstellen.

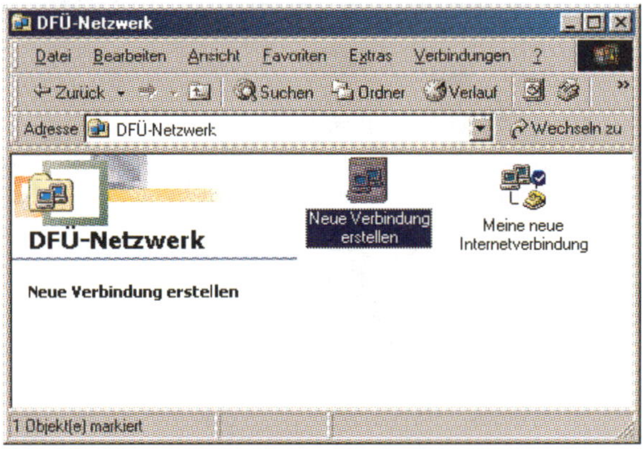

Mithilfe der DFÜ-Verbindung mit dem Namen `Meine neue Internetverbindung` kann jetzt »ge-E-mailt« und »gebrowst« werden.

Was hast du bis jetzt gelernt?

- Um eine Verbindung zum Internet herstellen zu können, benötigst du einen Computer, ein Modem oder eine ISDN-Karte und einen Telefonanschluss.

- Die Anbieter, die dir einen Zugang zum Internet ermöglichen, nennt man Provider oder Internet-Provider.

- Es gibt Provider, bei denen man einen Vertrag abschließen muss und andere, bei denen man einfach eine bestimmte Telefonnummer wählt, um ins Internet zu gelangen.

- Wenn man einen Internet-Zugang über T-Online oder AOL hat, muss man nur die spezielle Software dieser Anbieter installieren und schon kann es losgehen.

- Man kann aber auch eine DFÜ-Verbindung einrichten. Mit einem DFÜ-Zugang kann man einen Kontakt zu jedem Internet-Provider herstellen – vorausgesetzt, man hat dessen Telefonnummer und vor allem eine Zugangsberechtigung.

- Ganz gleich über welchen Internet-Anbieter man einen Zugang herstellt – es kostet in jedem Fall Geld. Du musst also unbedingt vorher mit deinen Eltern sprechen, sonst kann es leicht Ärger geben!

ZUM ERSTEN MAL ONLINE

Endlich ist es soweit!
Ab heute können wir unseren neuen Internet-Anschluss benutzen.

Ich bin schon total gespannt!
Los, kommt! Ich habe den Computer schon eingeschaltet.

Langsam, meine Herrschaften!
Ihr habt noch eine wesentliche Sache übersehen.

Was denn?

Wie sollen denn die Daten vom Computer ins Internet kommen?

Au ja! Wir müssen ja noch das Verbindungskabel vom Computer zur Telefonsteckdose einstecken.

Die Verbindung zum Internet wird über die Telefonleitung hergestellt.

So, jetzt müsste
aber alles funktionieren.

Ich starte jetzt
den Internet Explorerer.

Weißt du denn schon,
wie das geht?

Ja, klar, das habe ich doch schon
oft genug bei meiner Freundin gesehen.
Das ist wirklich einfach!

Ich klicke einfach auf das kleine blaue »e« in der
Taskleiste und schon startet der Internet Explorer.

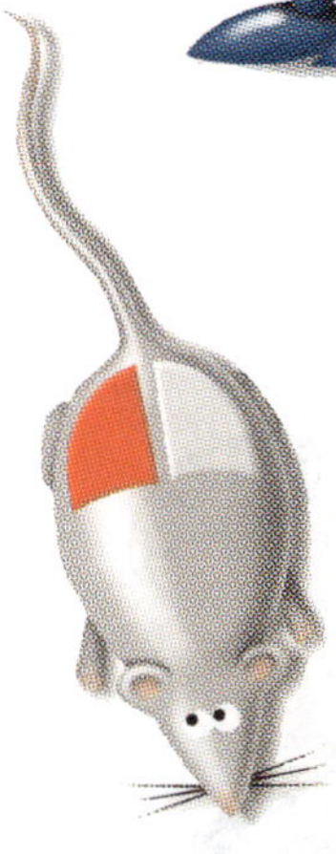

Hey guckt mal, da wird schon eine
Seite aus dem Internet angezeigt.

Stimmt! Bei jedem Start des
Internet Explorers wird schon eine
Seite aus dem Internet angezeigt.
Man nennt diese Seite, die automatisch beim
Starten aufgerufen wird, deshalb auch »Startseite«.

Beim Internet-Zugang über T-Online wird diese Startseite angezeigt.

Ist das denn immer die gleiche Seite?

Na ja, solange man nichts anderes einstellt, schon. Die Startseite kann man aber auch selbst bestimmen. Wenn man einen Internet-Zugang zum Beispiel über T-Online oder AOL herstellt, sind natürlich die Startseiten von diesen beiden Providern voreingestellt. Aber auch das kann man leicht ändern.

Was ist eine Web-Seite? Was ist eine Website?

Ich habe schon ein paar mal was von einer Web-Seite und von einer Website (sprich: »websait«) gelesen. Ich dachte schon, das wäre ein Schreibfehler.

Webseite / Website

Obwohl sie ähnlich klingen, sind »Web-Seite« und »Website« zwei verschiedene Dinge.

Das geht vielen Leuten so. Tatsächlich sind eine Web-Seite und eine Website zwei völlig unterschiedliche Dinge.

Fangen wir mal mit der Web-Seite an!

Eine Web-Seite ist eine Seite im Internet. Genau wie die Startseite von T-Online, die ihr eben schon gesehen habt. Auf der nächsten Seite seht ihr noch ein paar Beispiele für Web-Seiten.

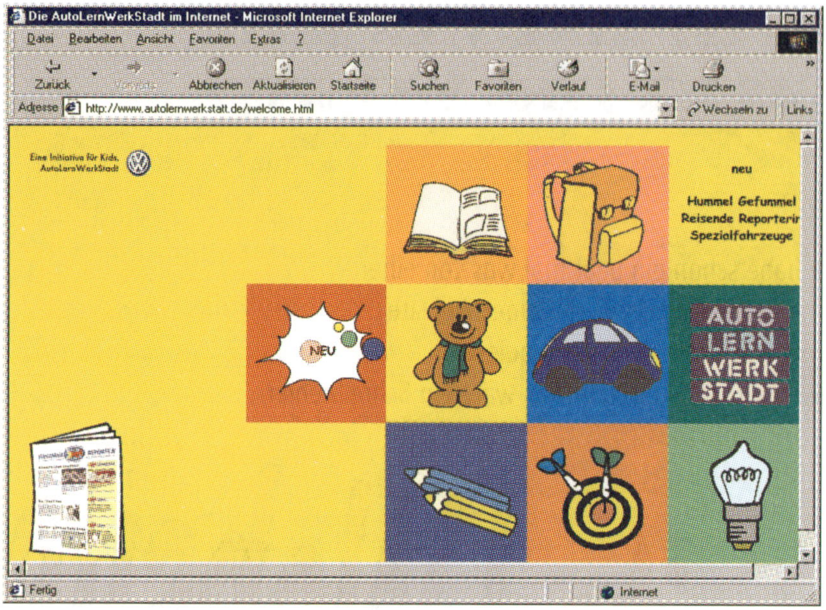

Eine Web-Seite der Autolernwerkstatt

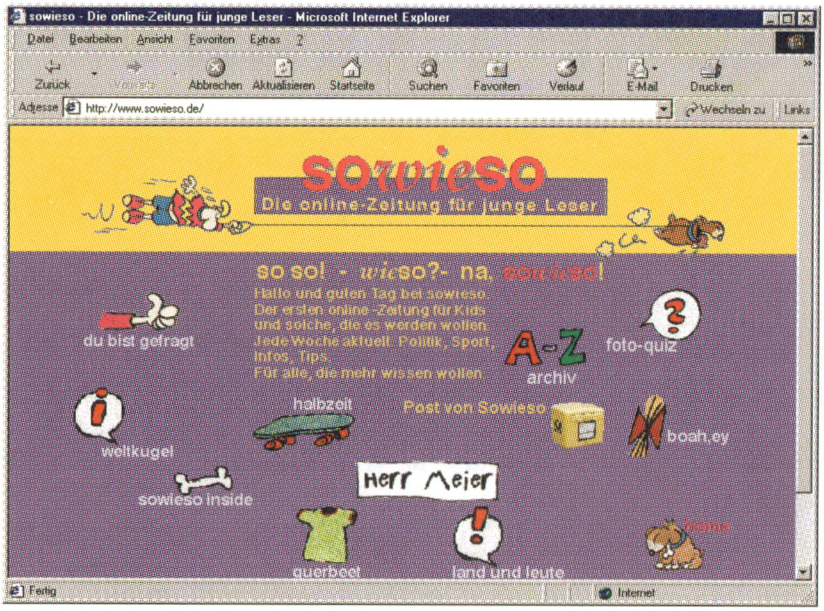

Eine Internet-Zeitschrift für Kinder: Sowieso.de

Eine Web-Seite von Kindersache.de, einer Internet-Adresse für Kinder

Was ist eigentlich ...
... eine Web-Seite?

Eine Web-Seite ist eine Bildschirmseite im Internet. du kannst sie dir vorstellen wie eine Seite in einem Buch. Auch im Internet kannst du zwischen verschiedenen Seiten hin- und herwechseln. Im Gegensatz zu einem normalen Buch kannst du aber im Internet auch zwischen Seiten in ganz verschiedenen Büchern hin- und herspringen (oder wie man im Internet sagt: »surfen«).

Und was ist jetzt eine Website?

Das Wort »site« bedeutet im Englischen soviel wie »Platz«, »Ort« oder »Stelle«. Eine Website ist also für eine Firma zum Beispiel ihr Platz oder auch ihr zu Hause im Internet.

Also ist die Website unserer Schule sozusagen das Haus der Schule im Internet?

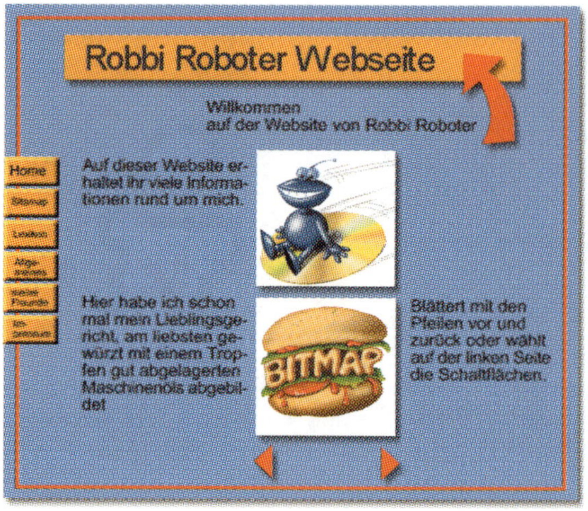

Eine Seite im Internet: eine Web-Seite

Könnte man so sagen. Und natürlich besteht so ein Ort im Internet nicht nur aus einer einzigen Web-Seite, sondern meist aus vielen verschiedenen Web-Seiten, die alle miteinander verbunden sind.

Also könnte man sagen, eine Web-Seite ist eine einzelne Seite und eine Website sind viele Seiten, die alle zusammengehören?

Eine Website im Internet: viele einzelne Web-Seiten

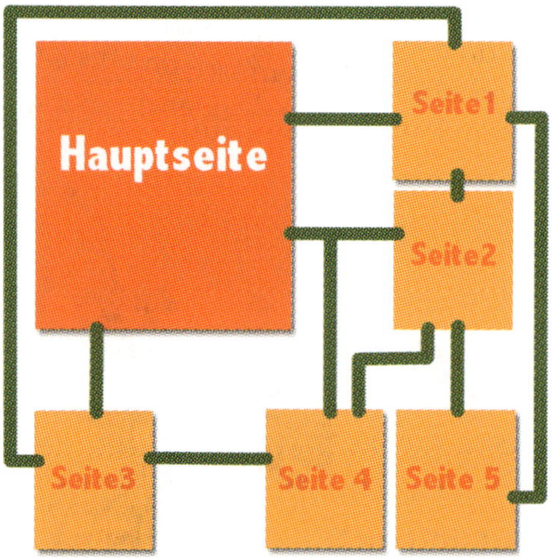

Ja, das ist gar nicht so falsch. Das besondere an den Seiten einer Website ist natürlich, dass man sie alle unter einer Internet-Adresse erreichen kann.

Was sind Internet-Adressen?

Was für eine Adresse meinst du denn?

Gibt es denn für die Websites auch Adressen?
So mit Straße und Hausnummer und so?

Eine Internet-Adresse im Internet ist fast das Gleiche wie eine Adresse mit Straße und Hausnummer.

Na, nicht ganz so. Aber fast. Damit man mit einem Internet-Browser eine bestimmte Website oder eine einzelne Web-Seite im Internet finden kann, muss man vorher ihre Adresse kennen.

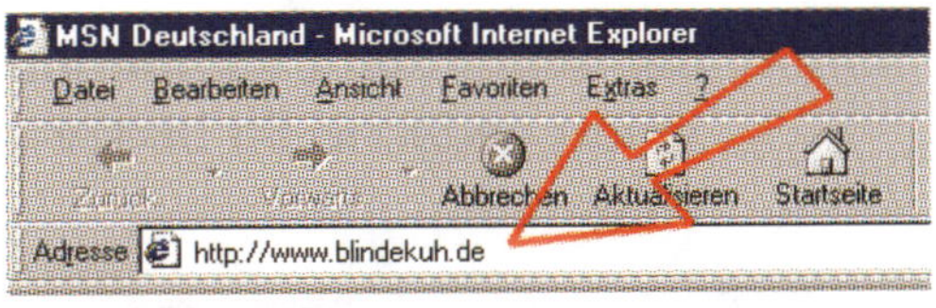

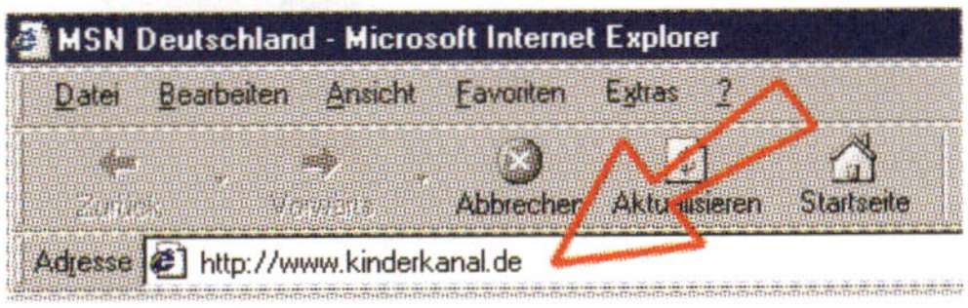

Sicher habt ihr solche Internet-Adressen schon oft gesehen. Man findet sie häufig in Zeitschriften, auf Werbeplakaten oder auch im Fernsehen.

Wie ist eine Internet-Adresse aufgebaut?

http://www.me

Das muss man zum Aufbau von Internet-Adressen im World Wide Web wissen:

http://

Am Anfang steht immer http:// Das ist das Zeichen für den Internet-Browser, dass er es hier mit einer Seite im World Wide Web zu tun hat, die einen ganz bestimmten Aufbau hat. Das muss dich nicht interessieren, aber der Browser braucht diese Information.

www

Das www steht für »World Wide Web«. Das hast du dir sicher schon gedacht. So beginnt jede Internet-Adresse im World Wide Web.

www = World Wide Web

Das World Wide Web. Vielleicht der wichtigste Teil des Internet.

inewebseite.de

meinewebseite

Bis jetzt enthält die Adresse nur sehr allgemeine Informationen über die Art der Internet-Seiten, zu denen sie führt. Im nächsten Abschnitt beginnt die eigentliche Adresse, zum Beispiel t-online oder in unserem Beispiel meinewebseite. Häufig bestehen solche Adressen aus dem Namen einer Firma, der die Website gehört.

de

Das Kürzel am Schluss sagt etwas darüber aus, ob es sich bei der Adresse um eine Firma handelt (Endung com) oder um eine Einrichtung wie eine Schule oder eine Universität (edu). Bei Adressen außerhalb der USA zeigen die Endungen meist an, in welchem Land sich die Website befindet. In unserem Beispiel steht de für Deutschland. So kann man schon an der Adresse sehen, aus welchem Land die Website kommt und in welcher Sprache sie dargestellt wird.

.

Der Punkt . ist ein kleines Zeichen mit ganz großer Wirkung. Vergisst du die einzelnen Punkte, die die Bereiche Internet-Dienst (www), Websitename (meinewebseite) und Kennzeichnung am Ende (de) trennen, dann kann die Seite nicht gefunden werden. Die Punkte darfst du auf keinen Fall vergessen!

Kennungen am Ende einer Internet-Adresse

com	=	Firmen-Website
edu	=	Website einer Schule oder einer Hochschule
gov	=	Website einer Regierungsbhörde in den USA
net	=	Website eines Netzwerks
org	=	Website einer Organisation
ch	=	Website in der Schweiz
de	=	Website in Deutschland
eu	=	Website in Europa
fr	=	Website in Frankreich
nl	=	Website in den Niederlanden
uk	=	Website in Großbritannien

Was hast du bis jetzt gelernt?

- Du hast gesehen, dass beim Starten ins Internet automatisch eine Startseite im Browser geladen wird. Von dort aus verzweigen viele Links zu anderen Seiten im Internet.

- Du hast den Unterschied zwischen einer Web-Seite und einer Website kennen gelernt.

- Du weißt jetzt, wie eine Internet-Adresse aufgebaut ist und welche Bedeutung die einzelnen Teile einer Internet-Adresse haben.

So funktioniert ein Internet-Browser

Ohne Browser bist du im Internet aufgeschmissen, denn ohne ein solches Programm hast du keine Möglichkeit, Internet-Seiten aufzurufen oder anzuschauen. Weil der Browser für die Arbeit im und mit dem Internet also die zentrale Schaltstelle ist, wollen wir uns damit auf den nächsten Seiten beschäftigen. Wir arbeiten in diesem Kapitel mit dem Internet Explorer von Microsoft, weil dieses Programm am verbreitetsten und darüber hinaus wahrscheinlich schon auf deinem PC installiert ist. Es gibt natürlich auch noch andere Browser von anderen Herstellern, zum Beispiel den »Navigator« der Firma Netscape. Der sieht zwar in Einzelheiten etwas anders aus als der Internet Explorer, macht aber im Grunde genau das Gleiche.

Wie gibt man eine Internet-Adresse in einen Browser ein?

Als Erstes musst du im Browser die Internet-Adresse eintragen. Du findest im Browser zu diesem Zweck eine leere Textzeile, in die man die gewünschte Adresse eintragen kann.

1 Beim Internet Explorer sieht die Adresszeile zum Beispiel so aus:

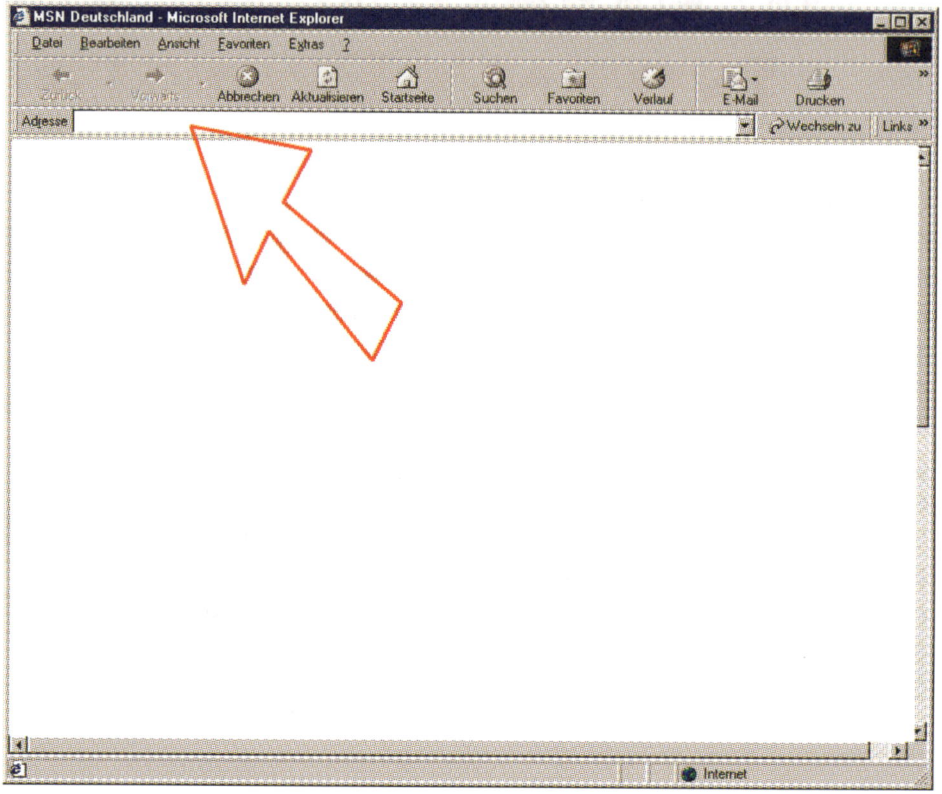

Die Adresszeile im Internet Explorer

2 Adresse eingeben und dann auf [↵] drücken oder auf [Wechseln zu] klicken

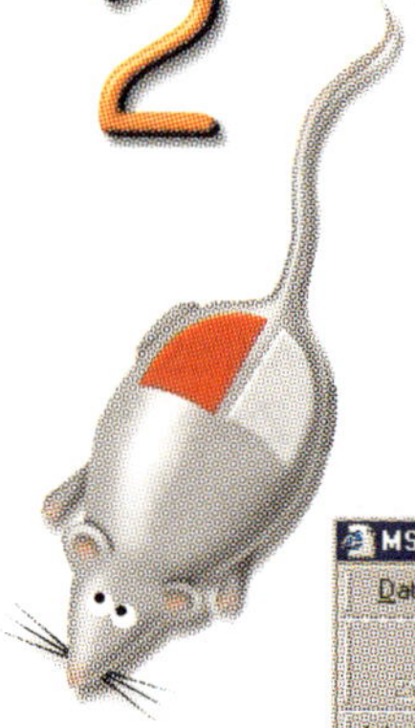

Ein Klick auf [Wechseln zu], und schon wird die eingegebene Adresse angesurft.

TIPP

Nachdem du die Adresse eingetragen hast, kannst du entweder auf die ⏎-Taste drücken oder die Schaltfläche `Wechseln zu` anklicken. Beide Aktionen bewirken, dass die Verbindung zu der eingegebenen Adresse hergestellt wird.

3 Der Internet-Browser versucht jetzt, eine Verbindung zu der eingegebenen Adresse herzustellen. Schon nach wenigen Sekunden erscheint die Web-Seite der Adresse im Browserfenster.

Die gewünschte Web-Seite wird angezeigt.

So kannst du zwischen Web-Seiten hin und her blättern

Und was macht man, wenn man wieder zur letzten eingegebenen Internet-Adresse zurückblättern will?

Du kannst ganz einfach zwischen verschiedenen Web-Seiten vor- und zurückblättern. Benutze dazu einfach diese beiden Knöpfe:

Die Schaltflächen für das Blättern. Im Internet Explorer findest du sie oben links.

Natürlich kannst du zum Beispiel den Vor-Knopf nur dann benutzen, wenn du vorher von einer anderen Seite zurückgeblättert hast. In unserem Beispiel ist der Vor-Knopf zum Beispiel nicht aktiv.

Wie kann man Adressen von tollen Websites speichern?

Hey, diese tolle Web-Adresse schreibe ich mir direkt einmal auf.

Gute Idee, bei den vielen komplizierten Adressen kann man sich die ja nie alle merken!

Die Mühe könnt ihr euch sparen. Internet-Adressen, die man häufiger besuchen möchte, kann man mit jedem Internet-Browser viel einfacher speichern. Passt mal auf! So sieht es aus, wenn ihr eine Adresse eingegeben habt und zu einer Seite im World Wide Web gesurft seid.

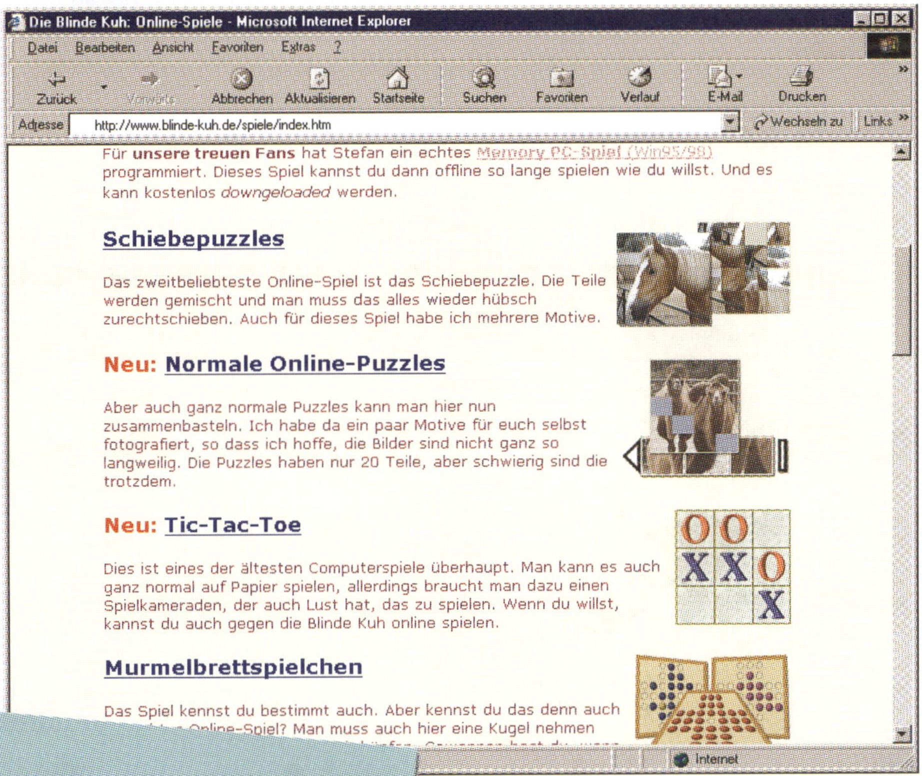

Statt die Adresse auf einem Notizblock zu notieren, gibt es eine viel bessere Möglichkeit.

Wenn du eine Web-Seite im Internet gefunden hast, die du gerne häufiger besuchten möchtest, kannst du folgendermaßen vorgehen:

1 Klicke auf die Schaltfläche `Favoriten`.

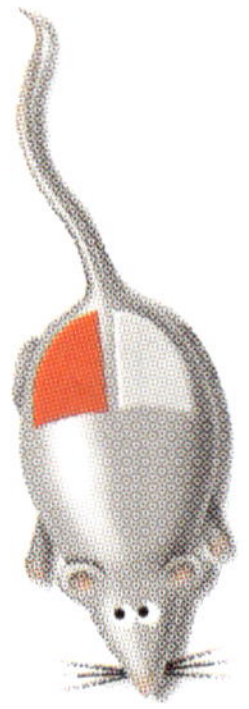

Im linken Fenster des Internet Explorer wird eine Liste mit deinen momentanen Favoriten, also deinen Lieblingsseiten angezeigt.

2 Klicke auf die Schaltfläche Hinzufügen.

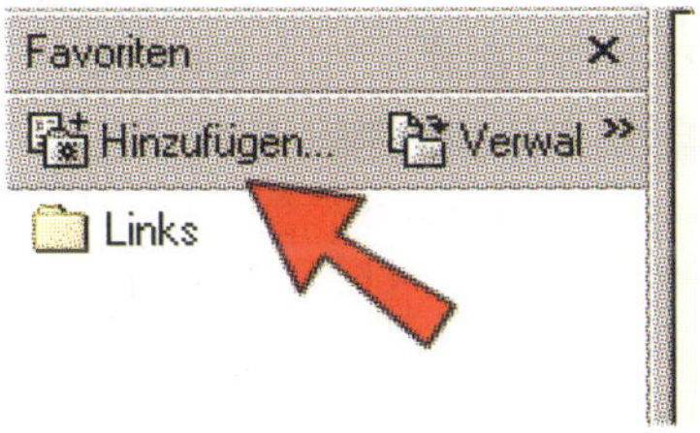

Soll die Adresse gespeichert werden, dann klicke auf Hinzufügen.

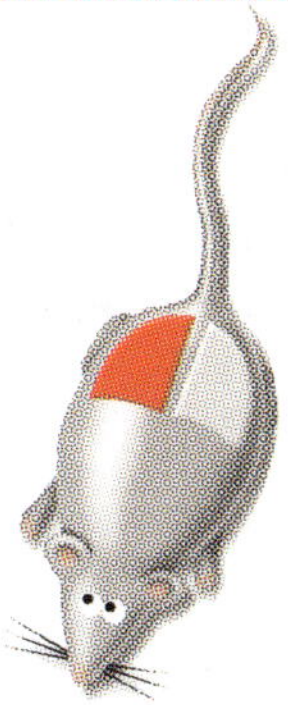

3 Jetzt wird ein Fenster angezeigt, in dem du festlegen kannst, in welchem Ordner dein neuer Favorit gespeichert werden soll.

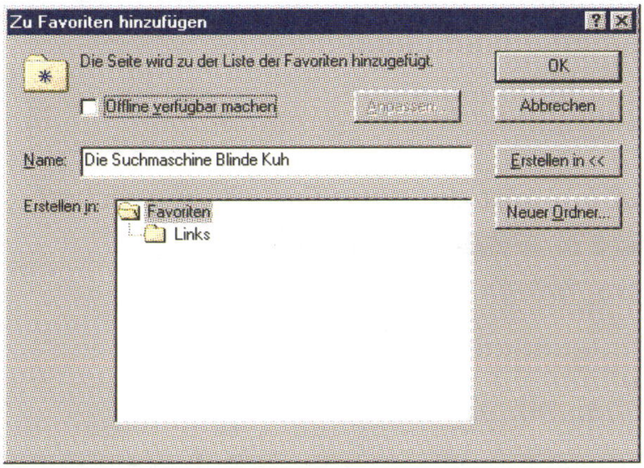

Hier kannst du festlegen, wo die Adresse gespeichert werden soll.

4 Hier kannst du auch einen neuen Ordner anlegen, um deinen neuen Favoriten darin zu speichern. Klicke dazu auf die Schaltfläche Neuer Ordner. In unserem Beispiel haben für den neuen Ordner die Bezeichnung Meine tollsten Webseiten gewählt.

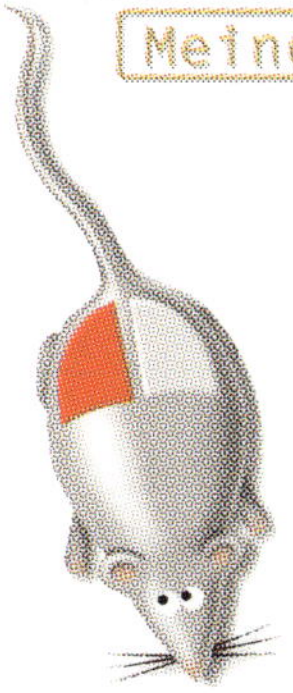

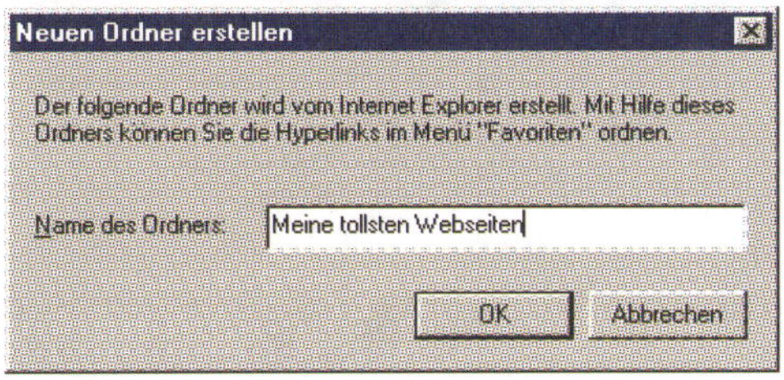

Ein aussagekräftiger Name für den Ordner hilft dir, deine Favoriten immer wieder schnell zu finden.

Klicke zur Bestätigung auf OK.

5 Jetzt wird der neu angelegte Ordner angezeigt. Du erkennst, dass er geöffnet ist. Das bedeutet, dass dein neuer Favorit in diesem Ordner gespeichert wird, wenn du jetzt auf OK klickst.

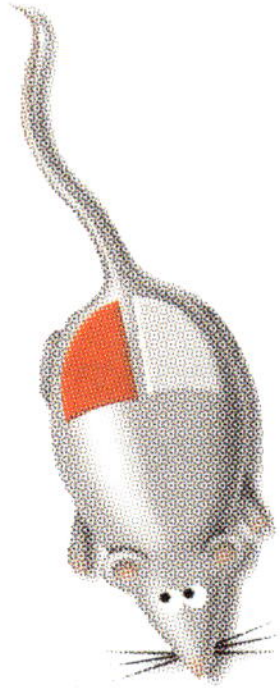

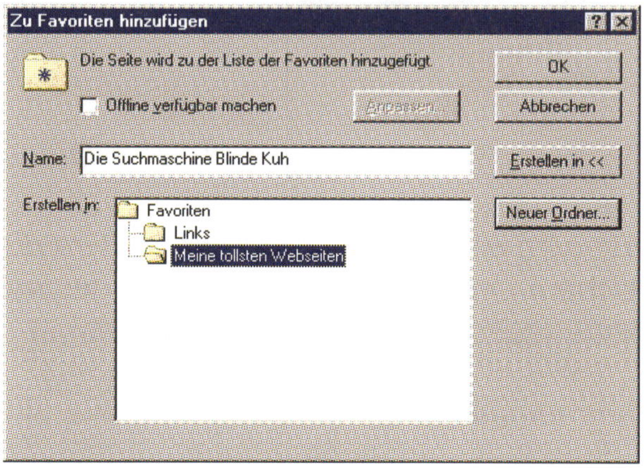

6 Nach dem Klick auf OK ist der neue Favorit gespeichert ...

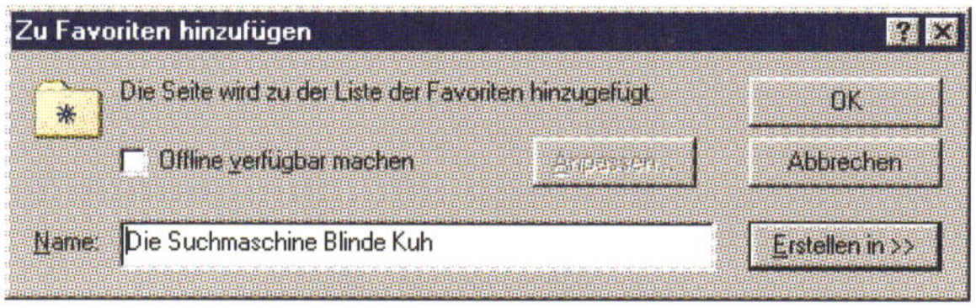

... was man auch im Browser-Fenster sehen kann.

Fertig! Der neue Favorit wurde gespeichert!

Und wie kann man die Favoriten-Adressen wieder aufrufen?

Ganz einfach. Zuerst klickst du wieder auf die Schaltfläche Favoriten ...

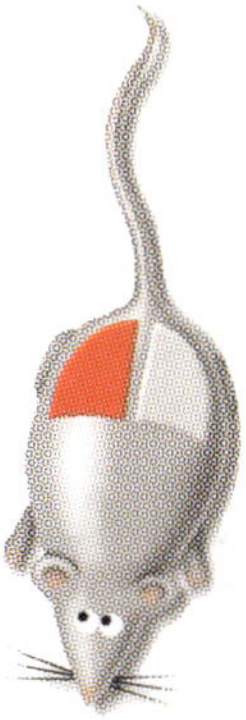

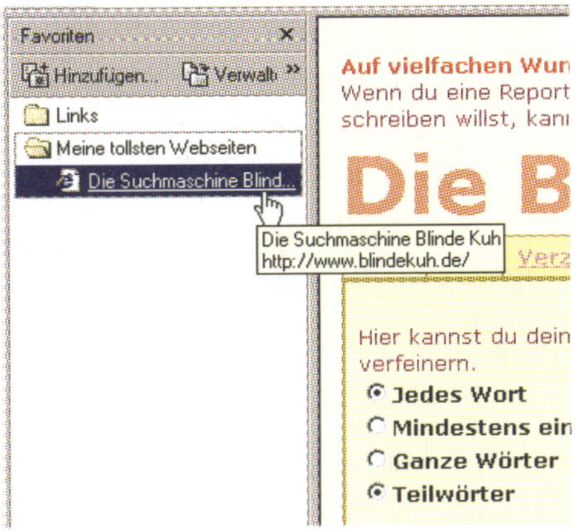

... und suchst danach die Adresse aus, die du besuchen willst. Dann klickst du auf den entsprechenden Eintrag, und das war's schon. Die ausgewählte Seite wird sofort angezeigt.

Wie kann man komplette Web-Seiten speichern?

Die Eltern von meinem Freund Jan beschweren sich immer darüber, dass die Gebühren für den Internet-Zugang so teuer sind. Jan besucht ziemlich häufig Seiten zum Thema Astronomie und da gibt es so viel nachzulesen, dass das immer ziemlich lange dauert.

Tja, eine Flatrate müsste man haben!

Das ist gar nicht nötig. Man kann auch ohne Flatrate beim Surfen eine Menge Geld sparen. Man muss nur wissen wie!

Was ist eigentlich …
… eine Flatrate?

Normalerweise bezahlt man beim Surfen im Internet jede einzelne Sekunde, in der man online ist. Es wird also genau die Zeit bezahlt, in der dein Computer mit dem Internet verbunden ist.
Als Flatrate (das spricht man aus wie »flätträit«) bezeichnet man einen besonderen Vertrag mit einem Internet-Provider. Wenn man einen solchen Flatrate-Vertrag hat, bezahlt man jeden Monat den gleichen Betrag und kann dafür so oft und so lange im Internet surfen wie man will.
Ob sich eine Flatrate für dich und deine Familie lohnt, könnt ihr leicht feststellen, indem ihr nachschaut, wie hoch eure Online-Gebühren jeden Monat sind. Ist der Betrag genauso hoch oder sogar noch höher als die Kosten für einen Flatrate-Vertrag, solltet ihr überlegen, auf die Flatrate umzusteigen. Ihr könnt dann so viel und so lange surfen wie ihr wollt, ohne auf die Uhr schauen zu müssen.

Geld sparen? Hört sich gut an! Und wie geht das?

Die einfachste Möglichkeit, beim Surfen viel Geld zu sparen, besteht darin, Web-Seiten, auf denen es viel zu sehen oder zu lesen gibt, einfach auf der eigenen Festplatte zu speichern. Dann kann man sich diese Seiten immer wieder anschauen, ohne dafür eine Verbindung zum Internet herstellen zu müssen.

Zeigst du uns, wie das geht?

Klar! Passt gut auf!

1 Surfe zu der Seite, die gespeichert werden soll.

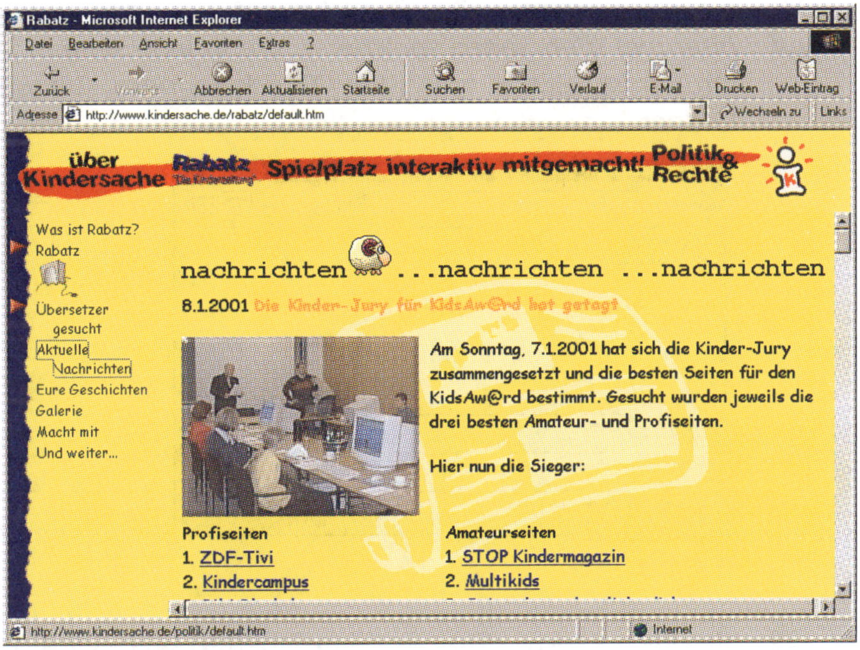

Diese Seite wollen wir speichern.

2 Im Menüpunkt `Datei` klickst du auf `Speichern unter`.

Erst ein Klick auf `Datei`*,*
dann auf `Speichern unter`

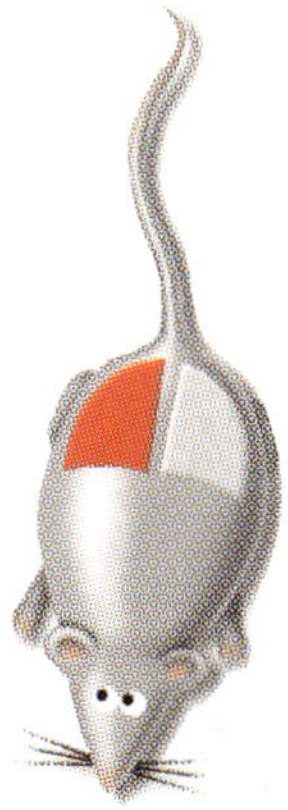

3 Nun kannst du einen eigenen Ordner für die Web-Seite anlegen, die du speichern willst. Das ist besonders dann sinnvoll, wenn du öfter mal Web-Seiten speicherst. Wenn jede Seite in ihrem eigenen Ordner ist, gibt es später kein Durcheinander. Wir wählen den Ordner `Eigene Dateien`.

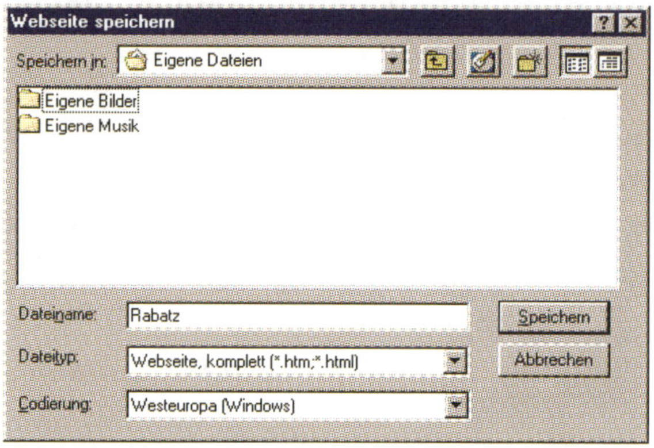

In diesem Fenster wird der Ordner ausgewählt.

4 Natürlich kannst du jeder gespeicherten Web-Seite einen eigenen Namen geben. Benutze dafür am besten solche Namen, bei denen du dich später auch noch erinnern kannst, was das für eine Seite war. Wenn du den Namen eingegeben hast (in unserem Beispiel lautet er `Rabatz. Die Kinderzeitung`) klickst du auf die Schaltfläche `Speichern`.

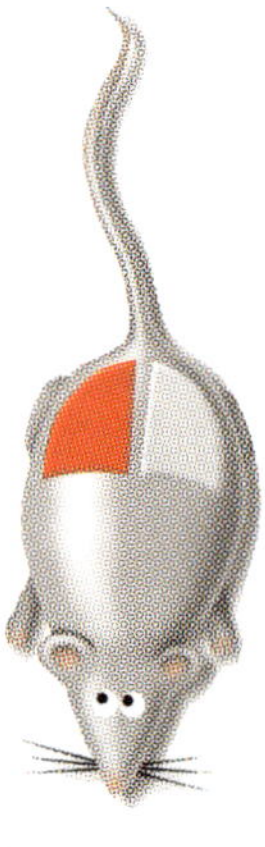

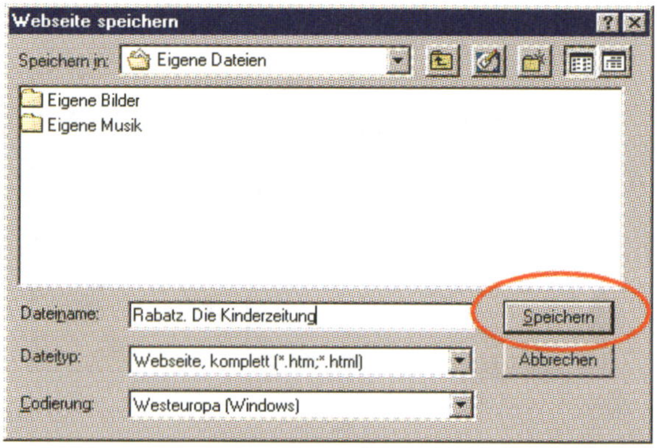

Noch ein Klick auf `Speichern`, und das war's dann.

5 Jetzt kannst du die Internet-Verbindung beenden und dir diese Seite offline, das heißt ohne Internet-Verbindung anschauen. Das lohnt sich ganz besonders bei Seiten, auf denen es viel zu lesen und zu sehen gibt.

Um eine gespeicherte Seite offline anzuschauen, wechselst du im Explorer einfach in den Ordner Eigene Dateien (vorausgesetzt, du hattest die Seite in diesem Ordner abgelegt) und machst dort einen Doppelklick auf die gespeicherte Datei.

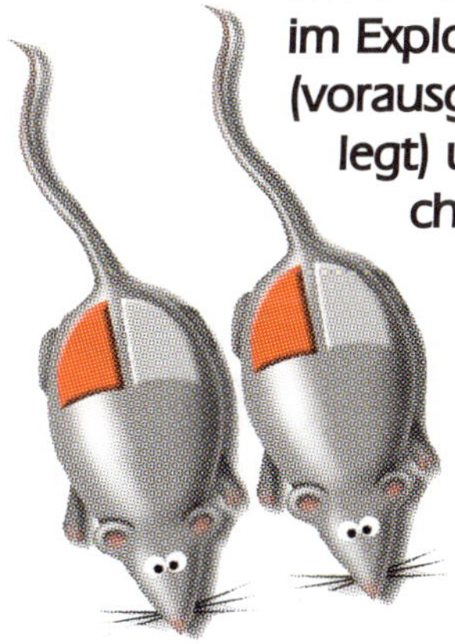

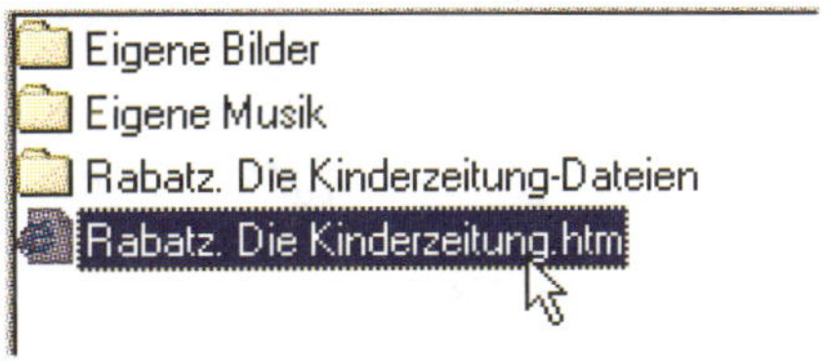

Hier wird die Seite angeklickt, die wir auf der Festplatte gespeichert haben.

Danach startet sofort automatisch dein Internet-Browser und zeigt dir die gespeicherte Seite an. Jetzt kannst du so lange lesen wie du willst, und es kostet keinen Pfennig – was deine Eltern sicher freuen wird! (Oder dich, falls du den Internet-Zugang von deinem Taschengeld bezahlen musst ...)

Das hast du gerade gelernt

- Du kannst in einem Internet-Browser eine Adresse eingeben und zu einer beliebigen Seite surfen.
- Du weißt, wie du zwischen Internet-Seiten blättern kannst.
- Du kannst Adressen von Web-Seiten, die dir gut gefallen, in deinem Favoriten-Ordner speichern und wiederfinden.
- Web-Seiten kannst du auf der Festplatte speichern, und später ohne Internet-Verbindung offline in Ruhe durchlesen.
- Du weißt, was eine Flatrate ist und welche Vorteile sie haben kann.

Wie kann man im Internet etwas finden?

Neulich wollte ich mit meiner Freundin Tanja für ein Biologie-Referat über Pferde ein paar Informationen im Internet suchen. Dabei haben wir dann jede Menge Adressen eingegeben, von denen wir dachten, dass das Seiten über Pferde sein könnten. Wir haben aber trotz stundenlanger Sucherei fast nichts Brauchbares gefunden.

Das ist mir auch schon mal so gegangen! Ist ja auch klar, bei den vielen Seiten im Internet weiß man ja gar nicht, wo man suchen soll!

Dieses Problem kennt wahrscheinlich jeder, der schon mal im Internet etwas gesucht hat. Zum Glück gibt es dafür ein paar tolle Lösungen. Eine davon ist zum Beispiel die »Blinde Kuh«.

Eine blinde Kuh? Du willst uns wohl auf den Blecharm nehmen!

Was soll eine blinde Kuh denn mit dem Internet zu tun haben?!

Herrje, da gehen die Kinder den ganzen Tag zur Schule und wissen nicht mal, wer die »Blinde Kuh« ist! Also: Das ist ein Suchdienst im Internet, der dabei hilft, Web-Seiten zu einem bestimmten Thema zu finden.

Die Startseite des Kindersuchdienstes »Blinde Kuh«

Suchdienst? Was ist das denn?

Suchdienste im Internet helfen euch dabei, die Dinge zu finden, die ihr sucht. Meistens ist so ein Suchdienst einfach eine Internet-Seite, auf der man Suchbegriffe eingeben kann. Schon kurze Zeit später zeigt euch der Suchdienst dann die Seiten an, die zu euren Suchbegriffen passen.

Im Netz gibt es außer der »Blinden Kuh« viele Suchdienste. Dieser heißt YAHOO!

Und woher wissen die Suchdienste, welche Seiten es im Internet gibt?

Entweder teilen die Betreiber einer Internet-Seite den verschiedenen Suchdiensten mit, dass es ihre Seite gibt, oder der Suchdienst schickt Roboter und Spinnen los, um nach neuen Seiten zu suchen.

Was machen Roboter und Spinnen im Internet?

Alles klar, Robbi, ich glaube, bei dir ist eine Schraube locker. Roboter und Spinnen im Internet? So'n Quatsch!

Also echt, Robbi, jetzt übertreibst du aber.

Nein. »Robots« und »Spider«, also Roboter und Spinnen heißen die Programme, mit deren Hilfe ein Suchdienst Tag und Nacht das Internet nach Web-Seiten und Informationen durchsucht. Das geht bei vielen Suchdiensten vollautomatisch. Solche Suchdienste nennt man dann Suchmaschinen.

Roboter und Spinnen im Internet ...

Und die »Blinde Kuh« ist so ein Suchdienst?

Ja, sogar ein ganz spezieller, der sich darauf spezialisiert hat, dass im Netz nicht nur Erwachsene, sondern auch Kinder und Jugendliche suchen.

Wie kommt man denn zur »Blinden Kuh«, wenn man etwas suchen will?

Ganz einfach: Jeder Suchdienst hat eine eigene Adresse im Internet. Man erreicht den Suchdienst wie jede andere Seite im Internet auch.

Also einfach die Adresse im Internet-Browser eingeben?

Los, kommt, wir versuchen es mal!

Der Suchdienst »Blinde Kuh«

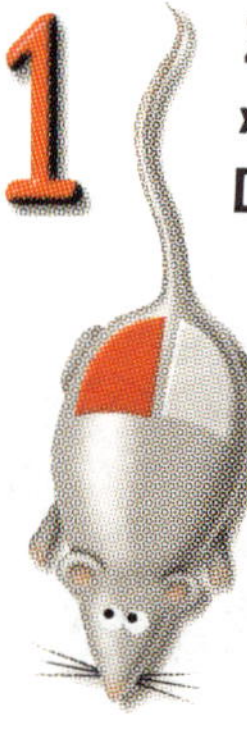

1 Zuerst gibst du die Adresse des Suchdienstes »Blinde Kuh« in den Browser ein.
Die Adresse lautet übrigens
http://www.blindekuh.de
Dann klickst du auf `Wechseln zu`.

2 Nach dem Klick auf `Wechseln zu` wird die Startseite angezeigt:

Der Suchdienst für Kinder »Blinde Kuh«

Hey, die Seite sieht ja toll aus!

Ja, und da ist auch die Eingabezeile für eure Suchbegriffe.

In die leere Zeile wird der Suchbegriff eingetragen.

Da ist ja auch ganz genau beschrieben,
wie man das mit der Suche macht.

Kommt, wir geben mal einen Suchbegriff ein.

Wonach sollen wir suchen?

Nach Seiten über Pferde!

Mich interessieren aber Bilder
von den Popstars aus den aktuellen Charts.

Also, Ladies first – zuerst Tina.
Wir geben also als Suchbegriff ein: »Pferde«.

3 In die Eingabezeile wird der Suchbegriff eingegeben. Tina und Tim haben sich darauf geeinigt, zuerst nach Seiten zu suchen, die etwas mit Pferden zu tun haben.

Der Suchbegriff lautet »Pferde«

4 Die Suche wird gestartet durch einen Mausklick auf Suchen.

5 Und nach ein paar Sekunden kann man sich schon die Suchergebnisse anschauen!

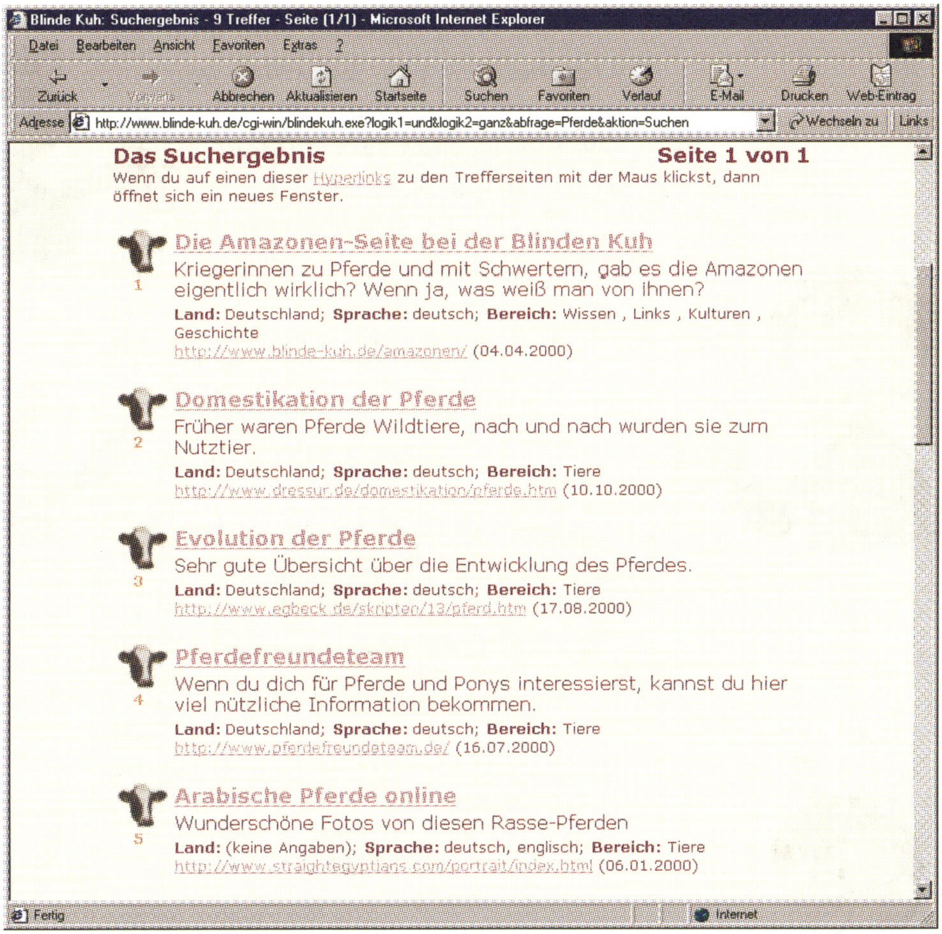

Ergebnisse eines Suchlaufs bei der Suche mit der »Blinden Kuh«

Super, das ging ja ziemlich flott!

Und wie kommt man jetzt zu den Seiten?

Ganz einfach. Man klickt einfach auf die Seite,
zu der man surfen möchte,
und normalerweise wird diese Seite
schon nach ein paar Sekunden angezeigt.

Die Pferdeseiten kannst du dir
später mal in Ruhe anschauen.
Jetzt suchen wir erst mal
nach Tims Lieblingssängerin.

Genau! Britney Spears, die finde ich total cool.

Dann gib' in die leere Zeile
einen Suchbegriff ein.

OK, ich möchte nach »spears« suchen.

Uups! He did it agin! »spears« wurde
in die leere Zeile eigegeben. Fehlt
nur noch der Klick auf Suchen!

Als nächstes klicke ich auf Suchen.

Da bin ich aber gespannt,
ob interessante Seiten bei der
Suche gefunden werden.

... und ich erst einmal.

Hey, guckt mal, da ist schon das Ergebnis!
Na ja, immerhin ein Treffer. Pferde sind nun
mal beliebter als Britney Spears. Wenigstens im Internet ...

Das Suchergebnis wird angezeigt. Diese Seite kann jetzt direkt angeklickt werden.

Super. Da will ich sofort hin!

Nix da, ich musste eben auch warten.

Nun streitet euch nicht!
Ich zeige euch erst mal kurz,
welche Besonderheiten
es für die Suche
bei der »Blinden Kuh« noch gibt.

Suchergebnisse verfeinern

Sicher ist euch schon die Anklickliste auf der Startseite der »Blinden Kuh« aufgefallen:

Hier kannst du deine Suche vorher noch verfeinern.
- ◉ Jedes Wort
- ○ Mindestens ein Wort
- ○ Ganze Wörter
- ◉ Teilwörter

Durch diese Anklickliste kann die Suche noch verfeinert werden.

Hier kann man die Suche noch weiter verfeinern. Das bedeutet, man kann noch genauer das finden, was man sucht. Nehmen wir mal folgendes Beispiel:

computer spielen | Suchen

Zwei Suchbegriffe wurden eingegeben.

Schau dir mal an, wie viele Ergebnisse gefunden werden!

◉ Mindestens ein Wort

Mit dieser Einstellung werden 277 Ergebnisse gefunden ...

◉ Jedes Wort

... und mit dieser nur 17.

1 **Gitarre Spielen Lernen**
Catrin hat einen kompletten Gitarrenkurs für euch gemacht. Da wird erklärt, wie die einzelnen Gitarrenteile heißen, wie man erste Schritte wagen kann, wie man Akkorde spielt bis hin zu einem ersten Lied.
Land: Deutschland; **Sprache:** Deustch; **Bereich:** Musik , Lernen
http://www.blinde-kuh.de/musik/gitarre/ (02.09.2000)

2 **Die schweizerische Fußballseite**
Die Vereine der schweizerischen Bundesliga schön und hübsch aufgereiht, damit du die gleich alle absurfen kannst.
Land: Schweiz; **Sprache:** deutsch; **Bereich:** Sport , Links
http://www.blinde-kuh.de/sport/fussball/schweiz.html (02.09.2000)

3 **Die österreichische Fußballseite**
Die Vereine der österreichschen Bundesliga max. und der Ersten Disvision schön und hübsch aufgereiht, damit du die gleich alle absurfen kannst.
Land: Österreich; **Sprache:** deutsch; **Bereich:** Sport , Links
http://www.blinde-kuh.de/sport/fussball/oesterreich.html (02.09.2000)

Dann ist die erste Einstellung doch besser. Oder?

Nein, schau mal, bei der ersten Einstellung werden auch solche Ergebnisse gefunden!

Beim Suchen werden oft Seiten gefunden, die eigentlich nichts mit dem Gesuchten zu tun haben. Dann hilft es oft, die Suche zu verfeinern.

Aber die haben ja gar nichts mit Computerspielen zu tun!

Eben! Die Einstellung `Mindestens ein Wort` bewirkt nämlich, dass alle Seiten gefunden werden, auf denen entweder das Wort »Computer« oder das Wort »Spielen« vorkommt.

Und bei der Einstellung `Jedes Wort` müssen **alle** eingegebenen Suchbegriffe auf einer Seite vorkommen, damit sie gefunden wird!

Stimmt. Jetzt hab' ich's auch kapiert.

Solche Möglichkeiten, die Suche noch zu verfeinern oder die Menge an gefundenen Seiten zu verringern, gibt es übrigens bei fast allen Suchdiensten.

TIPP

Bei fast allen Suchdiensten gibt es die Möglichkeit, die Suche durch bestimmte Vorgaben genauer zu machen. Grundsätzlich kannst du dir Folgendes merken:

- Bei Eingabe von nur einem Suchbegriff wird die Suche nicht sehr genau.
- Bei Eingabe mehrerer Suchbegriffe wird die Suche genauer.
- Bei Eingabe von sehr allgemeinen Suchbegriffen wird die Suche ungenau.
- Bei Eingabe von spezielleren Suchbegriffen wird die Suche genauer.

Bei fast allen Suchdiensten kann man vor einem Suchbegriff die Zeichen »+« oder »–« eingeben. Steht ein »+« vor einem Wort, dann muss dieses Wort unbedingt in den gefundenen Seiten vorhanden sein. Steht ein »–« vor dem Wort, dann werden nur Seiten gefunden, auf denen dieses Wort nicht ein einziges Mal vorkommt.
Das kannst du zum Beispiel benutzen, wenn du nach Spielen suchst, aber nichts über Fußball finden willst. Dann gibst du einfach ein: `+Spielen -Fußball`.

Weitere Suchdienste im Internet

Es gibt aber noch weitere Suchdienste im Internet. Die meisten sind allerdings für Kinder nicht so gut geeignet wie zum Beispiel die »Blinde Kuh«.

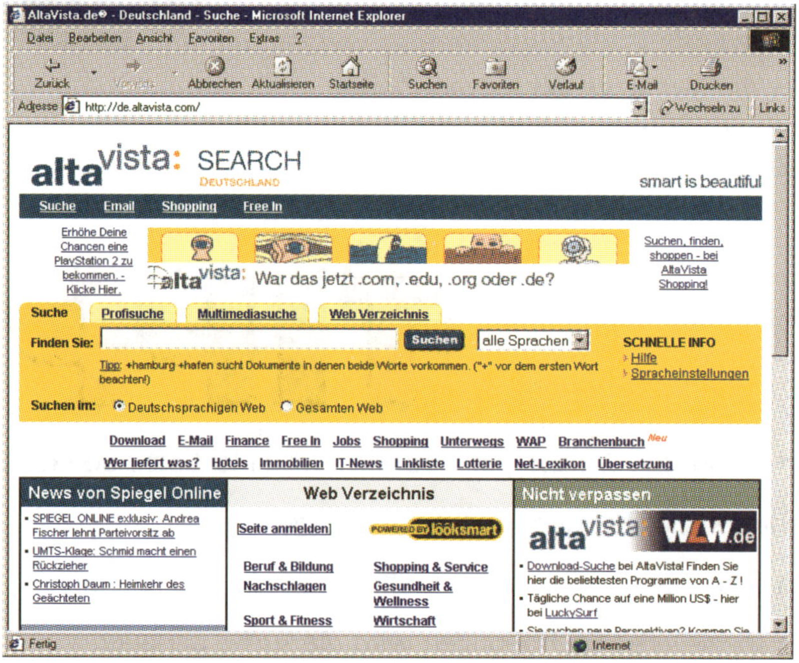

Der Suchdienst »AltaVista«

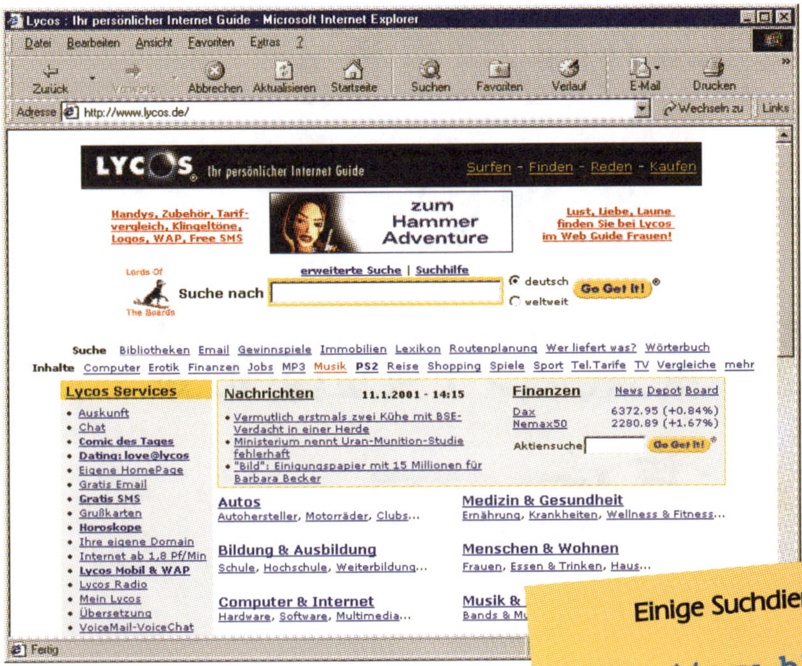

Der Suchdienst »LYCOS«

Einige Suchdienste im Internet

http://www.blindekuh.de
http://www.altavista.de
http://www.lycos.de
http://www.klug-suchen.de

WAS HAST DU GERADE GELERNT?

- Du weißt jetzt, was ein Suchdienst ist und welche Aufgabe Suchdienste im Internet haben.
- Du hast schon die Suchfunktion auf der Website »Blinde Kuh« kennen gelernt.
- Du kennst den Vorteil einer Suche, bei der alle Suchbegriffe gefunden werden müssen.

E-Mail: Die elektronische Post

Jetzt, wo wir einen Internetanschluss haben, können wir doch auch endlich E-Mails verschicken.

Hm, was ist denn eigentlich genau eine E-Mail? Ich weiß nur, dass man damit irgendwie Briefe über das Internet verschicken kann.

Das ist im Prinzip schon ganz richtig. E-Mail steht für »Electronic Mail«, und das heißt auf Deutsch nichts anders als »elektronische Post«.

Was ist E-Mail?

Also kann man einen elektronischen Brief genauso verschicken wie einen Brief mit der Post?

Ja, genau. Allerdings haben die elektronischen Briefe einige Vorteile! Sie sind vor allem viel schneller als ein wirklicher Brief und meistens auch noch deutlich preiswerter.

Ich habe gehört, man kann eine E-Mail in ein paar Minuten zum Beispiel von Deutschland bis nach Australien schicken.

Super, dann schicke ich meiner Freundin Lilia sofort eine Mail. Die ist nämlich mit ihren Eltern für ein Jahr in Sydney.

Eine E-Mail erreicht innerhalb von Minuten fast jeden Teil der Erde.

Hast du denn eine E-Mail-Adresse von deiner Freundin?

Adresse? Du meinst, eine E-Mail muss eine Adresse haben? Genauso wie ein Brief bei der Post?

So ist es. Schau mal, hier ist zum Beispiel meine E-Mail-Adresse, im Übrigen ein besonders gelungenes Exemplar.

robbi.roboter@linomail.de

Die E-Mail-Adresse von Robbi

Merkwürdige Adresse! Was bedeutet das denn genau?

Also: Vorne steht der Name des Empfängers. Vorname und Nachname sind durch einen Punkt getrennt.

robbi.roboter

Und was kommt dann? Was bedeutet dieses merkwürdige Zeichen in der Mitte?

@

Das ist das so genannte AT-Zeichen. »At« ist englisch und bedeutet soviel wie »bei«.

Ich habe gehört, man nennt dieses Zeichen auch Klammeraffe.

Ha, ha, das finde ich wirklich witzig. Das Ding sieht irgendwie auch aus wie ein Klammeraffe. Findet ihr nicht?

Das AT-Zeichen wird manchmal als Klammeraffe bezeichnet ... und sieht irgendwie ja auch so aus, oder?!

Nach dem AT-Zeichen kommt dann die Adresse, bei der der Empfänger seinen E-Mail-Account hat.

linomail.de

Account? Was ist das denn schon wieder?

Jede E-Mail-Adresse gehört zu einem bestimmten Internet-Anschluss. Dieser Anschluss hat entweder den Namen des Providers, über den man ins Internet gelangt (zum Beispiel T-Online), oder auch den Namen einer Firma, die eine eigene Website oder sogar einen eigenen Server im Internet betreibt.
Wenn man zum Beispiel einen Internet-Anschluss bei T-Online hat, hat man meistens auch eine E-Mail-Adresse bei T-Online.
Das nennt man dann einen E-Mail-Account.

Klar! Und das @-Zeichen zeigt dann an, dass jemand seine E-Mail-Adresse BEI einer bestimmten Firma oder BEI einem bestimmten Internet-Provider hat! Eigentlich ziemlich logisch!

Beispiele für E-Mail-Adressen

Robert.Robotnik@t-online.de
Herr Robotnik hat eine Mail-Adresse bei T-Online

Paula.Perle@aol.com
Paula hat eine Mail-Adresse beim Provider AOL

Frank.Callies@soft-art.de
Herr Callies (so heißt Robbi wirklich, »Robbi« dürfen ihn nämlich nur seine Freunde Tina und Tim nennen) hat eine Mail-Adresse bei der Firma soft-art

Fritz.Ferkel@gmx.de
Herr Ferkel hat eine Mail-Adresse bei der Firma gmx

Also kann man sagen, dass der erste Teil der E-Mail-Adresse dem Namen auf einem normalen Brief entspricht ...

... und der zweite Teil entspricht der Straße und der Hausnummer.

Im Prinzip habt ihr Recht. Habt ihr übrigens gesehen, dass ganz am Schluss auch noch etwas steht?

Ja, das ist genau so ein Kürzel wie bei den Internet-Adressen. DE bedeutet, dass die E-Mail-Adresse in Deutschland ist, oder?

Stimmt haargenau.

Jede E-Mail-Adresse enthält Informationen über den Namen des Empfängers und darüber, wo er seinen E-Mail-Account hat.

Wie bekommt man eine E-Mail-Adresse?

Toll. So eine E-Mail-Adresse brauchen wir auch. Wie bekommt man die denn eigentlich?

In den meisten Fällen bekommt man eine E-Mail-Adresse direkt von seinem Internet-Provider. Das heißt, wenn man zum Beispiel einen Internet-Anschluss bei T-Online oder bei AOL hat, kann man dort direkt auch eine E-Mail-Adresse und ein Postfach anmelden.

Das Postfach braucht man, damit man auch selbst E-Mails bekommen kann, oder?

Exakt. Zu jeder E-Mail-Adresse gehört ein so genanntes Postfach, in dem sich die Mails sammeln, die man selbst bekommt. Dort bleiben sie so lange liegen, bis man sie abgeholt hat.

Zu jeder E-Mail-Adresse gehört ein Postfach, in dem die Mails gesammelt werden, die man selbst bekommt.

Genau wie ein Briefkasten!

Richtig. Deshalb heißt das Postfach auf Englisch auch einfach »Mailbox«, also Briefkasten. Manche Internet-Anbieter bieten aber nur eine einzige E-Mail-Adresse für jeden Internet-Anschluss an. Das ist aber blöd, wenn man die gleiche Adresse benutzen muss wie die Eltern.

Stimmt. Dann können die Eltern ja auch alles lesen, was ich meinen Freundinnen schreibe.

Und vor allem deinen Freunden ...

Hör bloß auf, oder ich erzähl mal die Geschichte mit dem Brief von Sabine aus dem 6. Schuljahr, den ich neulich auf deinem Schreibtisch gefunden habe.

Nur keine Aufregung. Glücklicherweise gibt es auch die Möglichkeit, dass jeder seine eigene E-Mail-Adresse bekommt.

Wie denn?

Wenn der eigene Internet-Provider nicht schon mehrere E-Mail-Adressen anbietet, kann man auch eine kostenlose Adresse bei anderen Anbietern bekommen.

Zeigst du uns, wie das geht?

Klar, kein Problem! Aber zuerst schauen wir uns einmal an, was ein E-Mail-Programm so alles kann.

So funktioniert ein E-Mail-Programm

Wie schreibt man denn eigentlich eine E-Mail?
Macht man das mit einem Textverarbeitungsprogramm?

Und wie holt man die Mails aus seinem Postfach ab? Da muss es doch ein spezielles Programm geben?

Haargenau richtig. Für das Schreiben und Empfangen von E-Mails gibt es ganz besondere Programme, die man E-Mail-Programme oder auch E-Mail-Clients nennt.

Was ist eigentlich ...
... ein Client?

Im Internet stößt du immer wieder auf den Begriff »Client« (sprich: kleient), zum Beispiel in dem Wort »E-Mail-Client«. Client ist englisch und bedeutet auf Deutsch »Kunde«. Ein Client-Programm ist im Grunde nichts anderes als ein Kunde, der von einem anderen Computer bedient wird. Der Computer, der den Client bedient, ist ein so genannter Server, also ein Anbieter. So lassen sich im Internet alle Computer und Programme in Server bzw. Server-Programme und Clients bzw. Client-Programme einteilen. Die einen bieten etwas an, die anderen nutzen als Kunden die verschiedenen Angebote. Übrigens ist auch dein Computer ein Client, weil er als Kunde die Angebote eines Internet-Servers nutzt.

Und woher bekommt man so ein E-Mail-Programm?

Man kann verschiedene E-Mail-Programme kaufen. Das ist aber meistens gar nicht nötig, weil mit dem Betriebssystem Windows schon ein E-Mail-Programm mitgeliefert wird.

Welches denn?

Es handelt sich um das weltweit am häufigsten eingesetzte E-Mail-Programm mit dem Namen Outlook Express.

Was kann denn so ein E-Mail-Programm alles?

Ich habe hier mal eine Liste gemacht, in der die wichtigsten Dinge stehen.

Ein E-Mail-Programm kann zum Beispiel ...

- ... eine Verbindung zu dem Mail-Server des Internet-Providers herstellen, bei dem du dein E-Mail-Konto hast.
- ... nachschauen, ob E-Mails in deinem Postfach angekommen sind, und falls ja, die Mails auf deinen Computer laden und anzeigen.
- ... Mails von deinem Computer an einen oder mehrere Empfänger verschicken.
- ... Dateien, die zum Beispiel Bilder oder Musik beinhalten, als Anhang deiner Mails verschicken.
- ... deine Mails in verschiedenen Ordnern sammeln.

Das Mail- und News-Programm Outlook Express

Wusstet ihr eigentlich, dass ihr schon ein echt gutes E-Mail-Programm auf eurem Computer habt?

Nö, also ich habe keins installiert.

Ich auch nicht!

Das müsst ihr auch gar nicht. Bei den meisten Windows-Installationen ist nämlich automatisch schon ein E-Mail-Programm mit dabei. Und das werden wir uns jetzt einmal genauer anschauen.

Wo findet man Outlook Express und wie kann man es starten?

Also, Outlook Express ist ein E-Mail-Programm, mit dem man E-Mails verschicken und welche empfangen kann. Wo findet man das Programm denn auf seinem Computer?

Wenn Windows und der Internet Explorer korrekt auf deinem Computer installiert sind, findest du das Programm-Icon von Outlook auf der linken Seite am unteren Bildschirmrand.

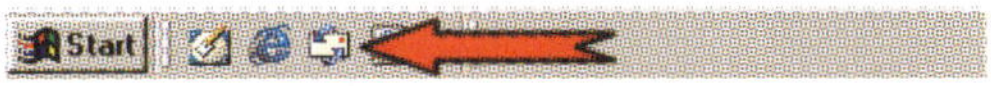

Bei einer vollständigen Windows-Installation ist das Programm-Icon von Outlook am unteren Bildschirmrand zu sehen.

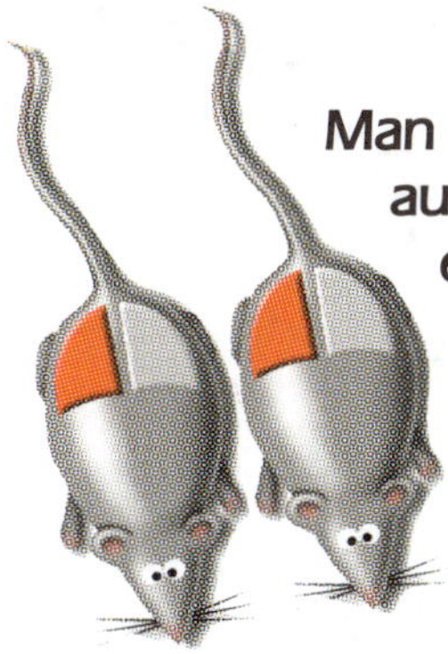

Man kann das Programm einfach von hier aus starten, indem man mit der Maus einmal darauf doppelklickt. Natürlich geht das Starten von Outlook Express auch ganz normal über das Start-Menü von Windows.

Dort wählt man das Programmsymbol aus und klickt einmal darauf.

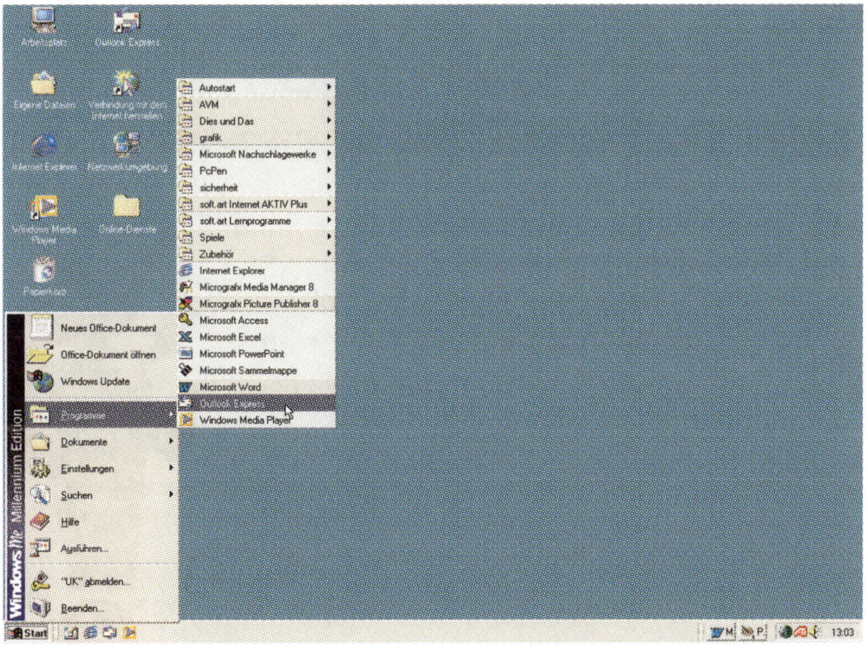

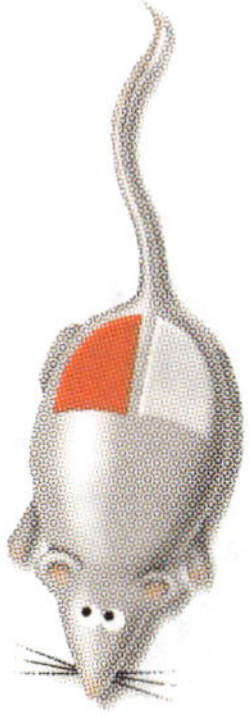

So startet man Outlook Express über das Start-Menü.

TIPP

Wenn deine Windows-Version nicht ganz vollständig installiert wurde, kann es vorkommen, dass Outlook Express noch nicht auf deinem Computer vorhanden ist.

Du kannst dann Windows noch einmal installieren oder eine vollständige Installation des Internet Explorers vornehmen. Installationsprogramme für den Internet Explorer findest du auf vielen CD-ROMs in Computerzeitschriften (und auch auf der CD zu diesem Buch). Wenn du nicht genau weißt, wie du das Programm nachträglich installieren kannst, solltest du deine Eltern fragen!

Wie richtet man Outlook Express so ein, dass man damit E-Mails verschicken und empfangen kann?

Auf den nächsten Seiten wollen wir uns einmal anschauen, was man in Outlook Express so alles machen muss, damit man E-Mails verschicken und empfangen kann.

Wenn du einen Account bei dem Provider AOL (America Online) hast, musst du mit dem AOL-eigenen E-Mail-Client arbeiten. Vielleicht lassen sich AOL und Outlook ja in zukünftigen Versionen der AOL-Software kombinieren!

1 Zuerst startest du Outlook Express. Das geht entweder mit einem Mausklick auf das kleine Icon in der Taskleiste oder über das Start-Menü von Windows.

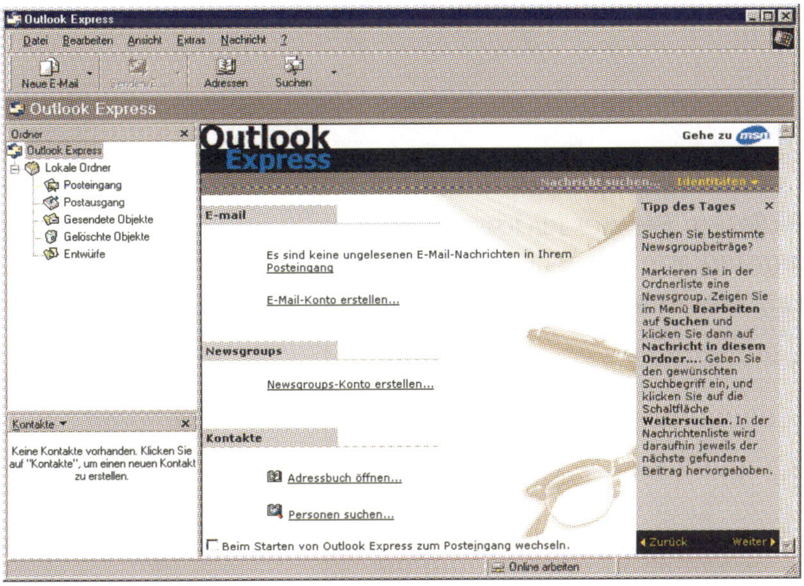

Der Startbildschirm von Outlook Express

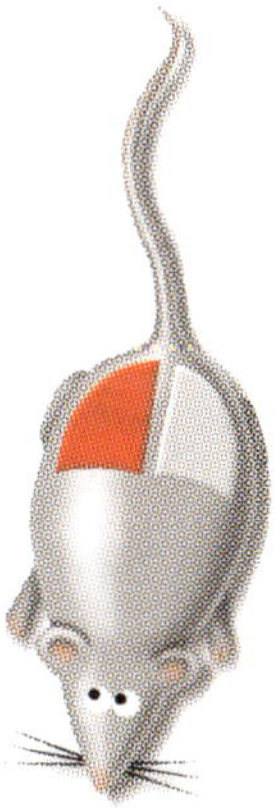

2 Wir wollen jetzt eine neues E-Mail-Konto in Outlook Express anlegen. Dazu öffnest du das Menü `Extras` und wählst dort den Eintrag `Konten`.

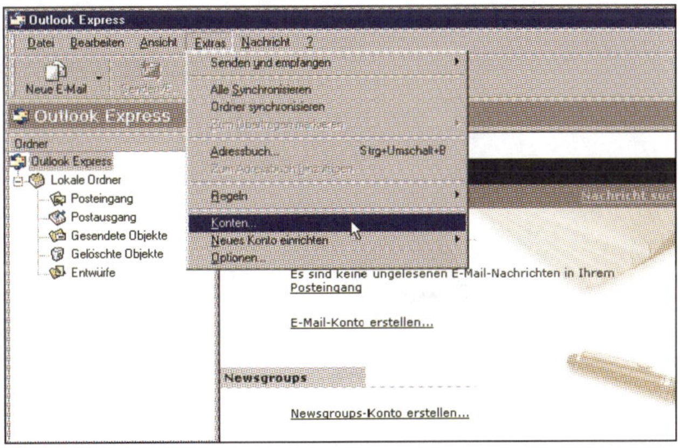

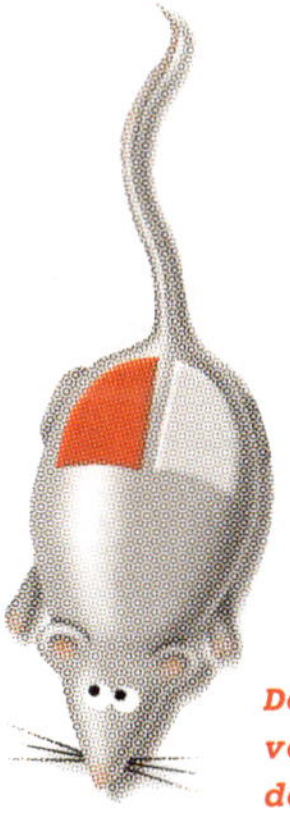

Der Menüpunkt `Konten` versteckt sich unter den `Extras`.

Einige Konten sind bereits installiert. Die musst du nicht weiter beachten.

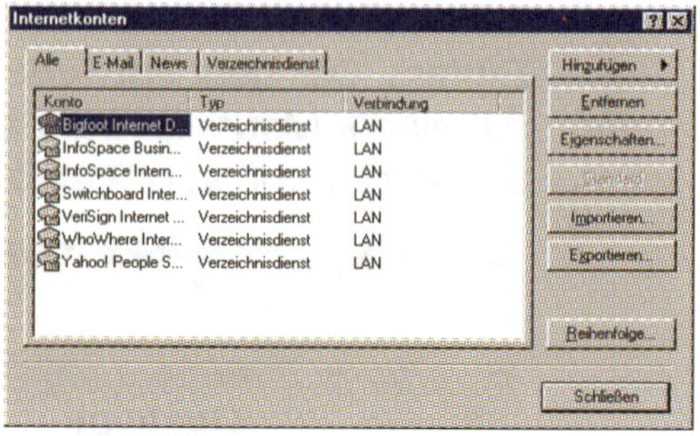

Einige Konten sind bereits installiert.

3 In diesem Fenster klickst du auf die Registerkarte E-Mail ...

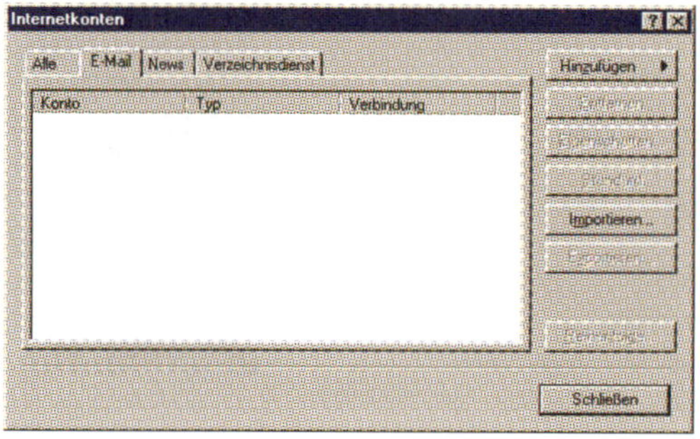

Noch ist kein E-Mail-Konto eingerichtet.

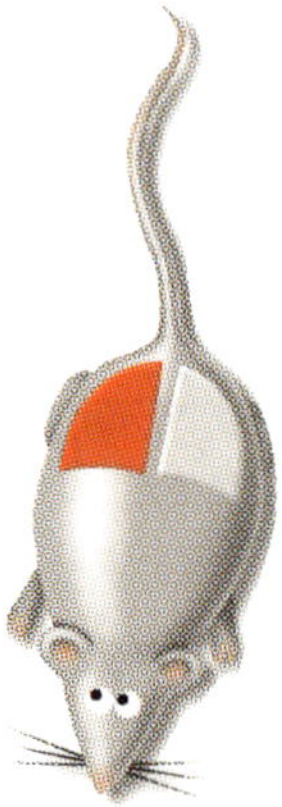

... und dort nacheinander auf die Schaltflächen Hinzufügen und E-Mail, um ein neues E-Mail-Konto einzurichten.

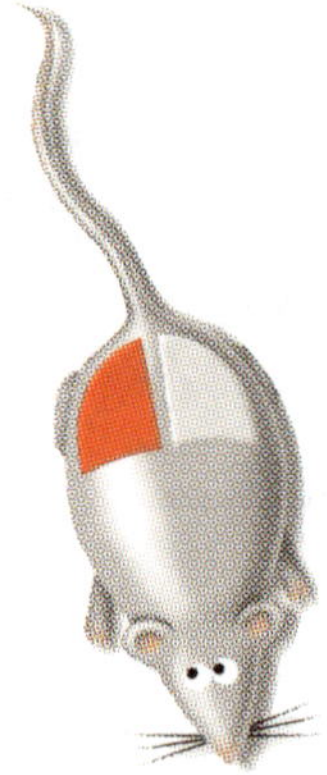

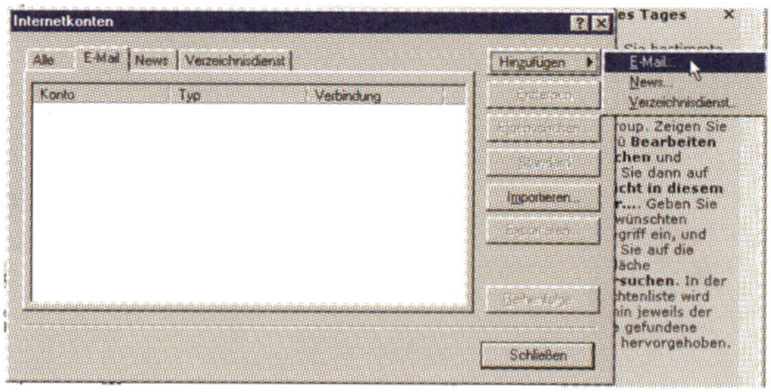

Jetzt geht es erst richtig los!

4 Jetzt geht es richtig los mit Einrichtung des E-Mail-Kontos. Zuerst musst du deinen Namen eingeben. Danach klickst du auf Weiter.

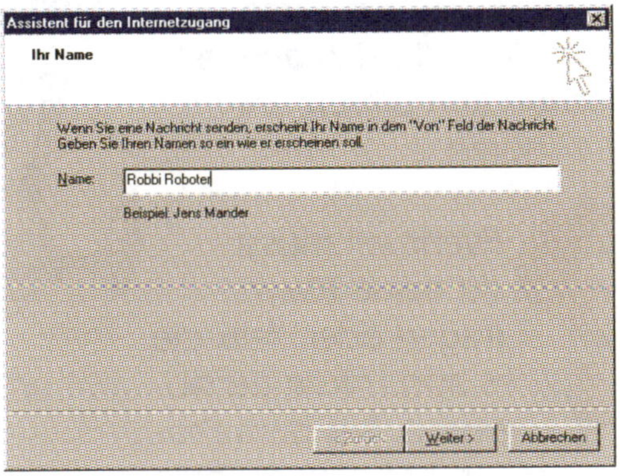

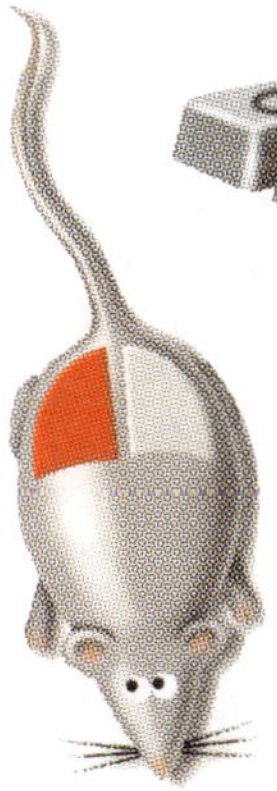

In der Eingabezeile Name gibst du deinen Namen ein ...

5 Im nächsten Schritt muss die E-Mail-Adresse eingegeben werden, für die man das E-Mail-Konto in Outlook Express einrichten möchte. Auch hier klickst du wieder auf Weiter, wenn du mit deiner Eingabe fertig bist.

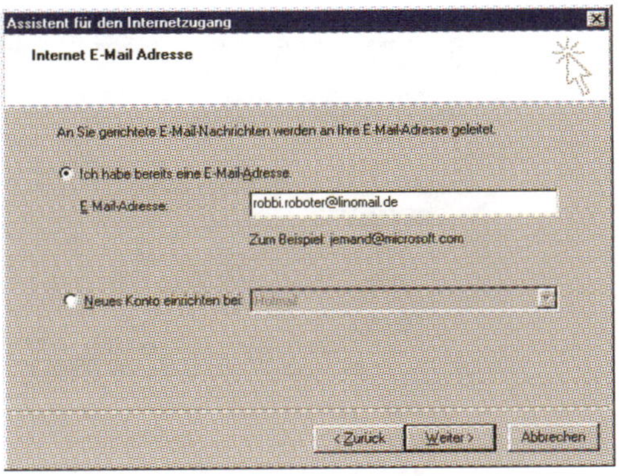

... und hier deine E-Mail-Adresse.

6 Jetzt wird es schon etwas komplizierter. An dieser Stelle muss nämlich angegeben werden, über was für eine Art von Server die eigenen E-Mails empfangen werden. Man kann hier aus verschiedenen Möglichkeiten auswählen, die sich aber alle ganz schön kompliziert anhören.

Eventuell musst du deine Eltern fragen oder, falls die es auch nicht genau wissen, bei dem Provider, bei dem du dein E-Mail-Konto hast, nachfragen

In den meisten Fällen wird hier POP3 die richtige Auswahl sein. Wenn dein E-Mail-Account zum Beispiel bei T-Online ist, dann sind diese Eintragungen richtig:

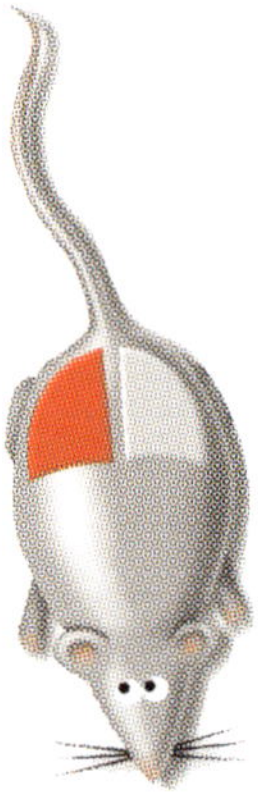

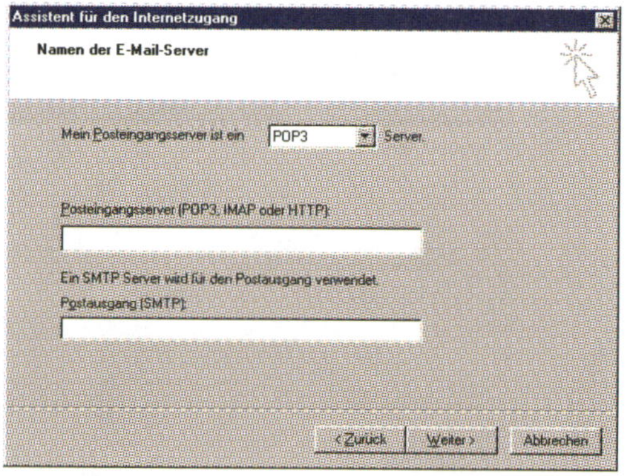

In diesem Bildschirm trägst du die Art des Posteingangsservers ein. Welche Angabe hier richtig ist, erfährst du von deinem E-Mail-Provider. In diesem Beispiel lautet der Eintrag POP3, was für einen Account bei T-Online korrekt wäre.

7 Wenn du die Art des Posteingangsservers ausgewählt hast, musst du als nächstes die Namen für den Posteingangsserver und den Postausgangsserver angeben. Der Posteingangsserver ist für das Empfangen von E-Mails zuständig, der Postausgangsserver für das Versenden. Der Postausgangsserver heißt übrigens oft auch »SMTP-Server«. Die Informationen darüber, wie die beiden Servernamen lauten, erhältst du ebenfalls von dem Provider, bei dem du dein E-Mail-Konto hast.

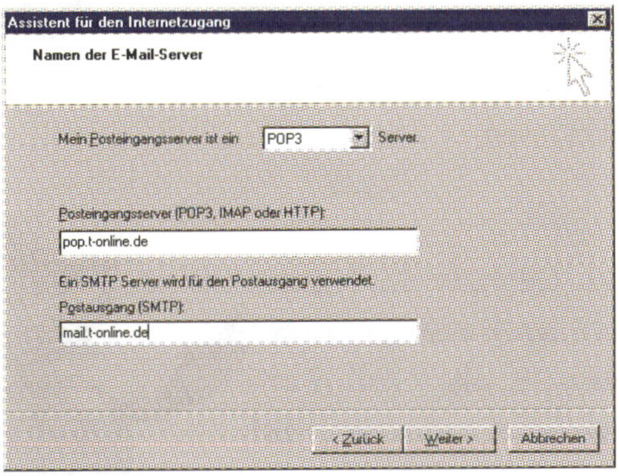

In diesem Bildschirm trägst du die Daten ein, die du von deinem E-Mail-Provider bekommst. In diesem Beispiel sind es Daten, die sich auf einen Account bei T-Online beziehen. Bei dir zu Hause können das aber ganz andere Namen sein. Da musst du nachfragen!

Wenn du fertig bist, geht es wieder mit einem Klick auf `Weiter` weiter.

8 Jedes E-Mail-Konto bei einem Anbieter im Internet hat einen so genannten Kontonamen. Diesen Namen muss man hier eintragen.

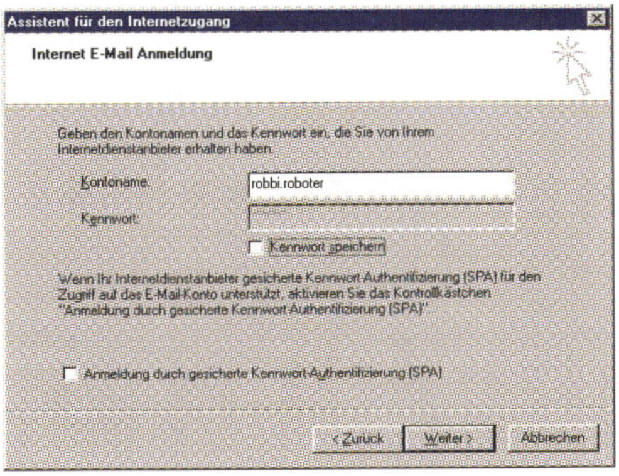

Zu jedem E-Mail-Account gibt es einen Kontonamen und ein Kennwort.

Außerdem hat fast jedes E-Mail-Konto ein Kennwort, das man eingeben muss, bevor man Mails von diesem Konto abholen kann.

Ist ja klar, sonst könnte ja jeder die Mails abholen und lesen!

Das Kennwort ist also im Prinzip das Gleiche wie ein Briefkastenschlüssel. Ohne den Schlüssel kann man die Post nicht lesen.

Haargenau. Deshalb darf man Kennwörter auch nie verraten. Das wäre dann so, als wenn man irgendjemandem seinen Schlüssel geben würde!

Bei einigen Windows-Programmen hat man bei der Eingabe eines Kennworts die Möglichkeit, die Option `Kennwort speichern` anzuklicken. Das dient dazu, dass man beim nächsten Mal das Kennwort nicht mehr selbst eintippen muss, sondern dass es automatisch eingetragen wird. Obwohl sich das sehr praktisch anhört, solltest du die Möglichkeit `Kennwort speichern` besser nicht aktivieren. Wenn das Kennwort nämlich auf deinem Computer gespeichert bleibt, können unter Umständen andere dein Kennwort klauen und damit deine Mails lesen, deinen Internet-Zugang benutzen oder andere Dummheiten machen.

Also merke dir:

Kennwörter sollte man niemals auf dem Computer speichern, sondern immer wieder von Hand eingeben, auch wenn es ein bisschen lästig ist.

Das Kästchen Kennwort speichern *solltest du nie anklicken!*

Wenn du mit Schritt 8 fertig bist, geht es wieder mit einem Klick auf Weiter weiter.

9 Die Einrichtung ist beendet. Herzlichen Glückwunsch! Jetzt fehlt nur noch ein Klick auf die Schaltfläche Fertig stellen. Wenn die Daten alle richtig eingegeben wurden, kann man das neue Outlook-Express-E-Mail-Konto sofort benutzen.

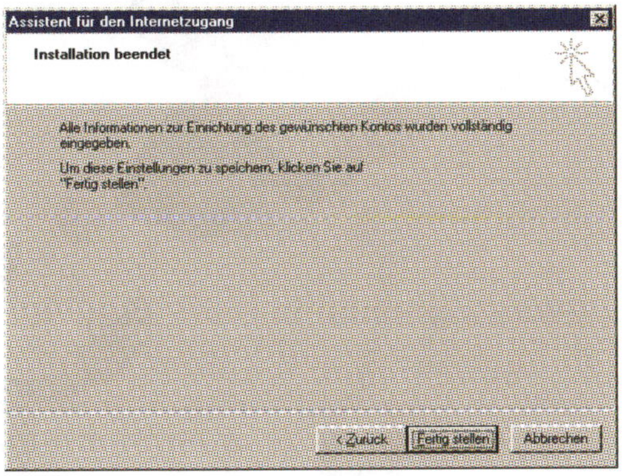

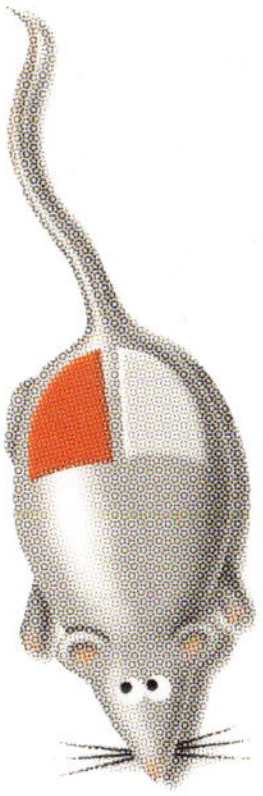

Fertig! Das Konto ist jetzt eingerichtet.
Du musst nur noch auf Fertig stellen *klicken.*

Mit Outlook Express E-Mails senden und empfangen

Ich bin schon ganz gespannt darauf, endlich eine Mail zu verschicken.

Ja, zeig' uns doch mal, wie das mit Outlook Express funktioniert.

Kein Problem! Kommt, wir legen gleich los! Zuerst starten wir Outlook Express. Wisst ihr noch wie es geht?

Klar. Einfach ein Klick auf das kleine Icon in der Taskleiste ...

... oder über das Start-Menü!

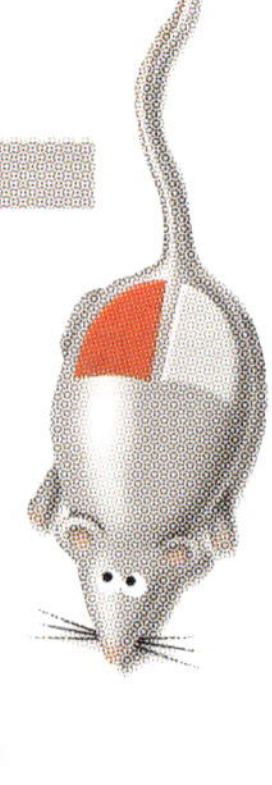

1 **Starte Outlook Express!**

2 Um eine neue E-Mail zu schreiben, klickst du einfach auf die Schaltfläche `Neue E-Mail-Nachricht erstellen`.

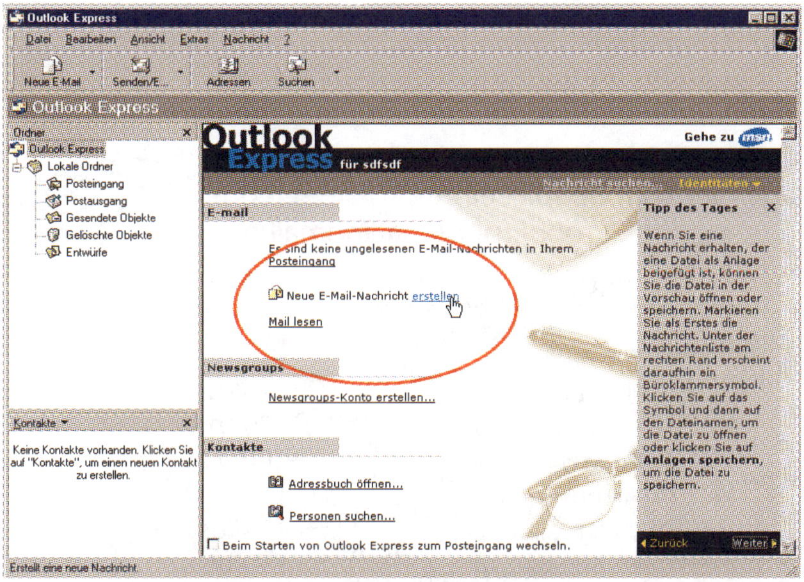

3 Damit rufst du das (noch leere) Eingabefenster für neue E-Mail-Nachrichten auf.

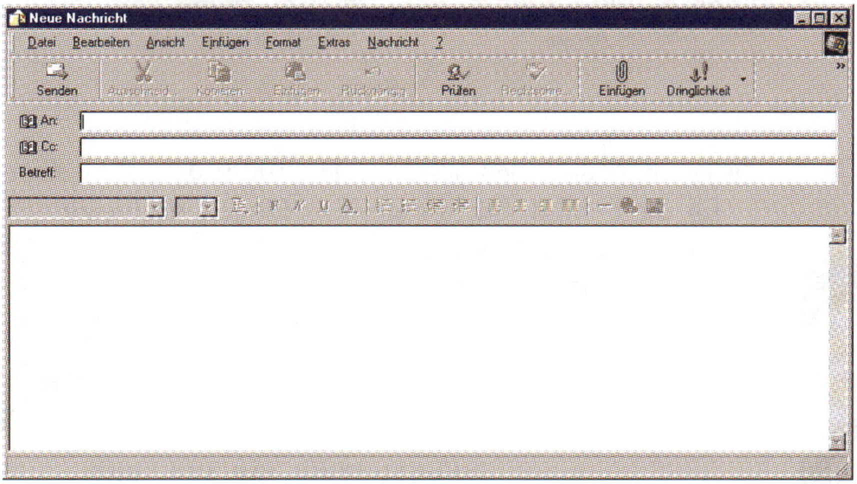

Das E-Mail-Eingabefenster. Wenn du übrigens dein Kennwort nicht gespeichert hast, wirst du vor dem Schreiben der Mail aufgefordert, es einzugeben.

4

Hier musst du zuerst die E-Mail-Adresse des Empfängers in das An: -Feld eingeben.

Die Eingabezeile für die E-Mail-Adresse des Empfängers

Trage hier zum Beispiel ein:

robbi.roboter@linomail.de

Was ist eigentlich ...
... das Adressbuch?

Viele E-Mail-Programme haben ein eingebautes Adressbuch. In diesem Adressbuch kannst du alle Adressen von Leuten speichern, denen du öfter mal eine E-Mail schreiben möchtest, denn wer kann sich schon diese ganzen E-Mail-Adressen merken? Das Tolle bei dem Adressbuch von Outlook Express ist, dass das Programm von selbst merkt, wenn eine Adresse, die du von Hand eingibst, schon im Adressbuch steht. Dann überträgt das Programm die Adresse automatisch in die An-Zeile, sobald du die ersten Buchstaben eingetippt hast.

So ein Adressbuch ist eine praktische Sache. Auch wenn es am Anfang etwas lästig ist, alle Adressen dort einzutragen, spart dir das hinterher eine Menge Arbeit.

Sicher hast du schon gesehen, dass unter der (An)-Zeile für die E-Mail-Adresse des Empfängers noch eine weitere Zeile mit der Bezeichnung (Cc) steht.

Cc bedeutet »Carbon Copy« Hier kannst du weitere Empfänger der Mail eintragen.

Was bedeutet denn (Cc)?

»Cc« steht für »Carbon Copy«, und das bedeutet soviel wie Durchschlag.

Also so, als wenn man einen Brief auf einer Schreibmaschine mit Pauspapier schreibt?

Genau. In die Cc-Zeile kann man nämlich noch einen oder mehrere weitere Empfänger eintragen, wenn man möchte, dass eine Kopie der Mail noch an andere Empfänger geschickt wird.

5 Jetzt kommt ein ganz wichtiger Schritt, nämlich die Eingabe der so genannten Betreffzeile. Hier trägst du in ein oder zwei Wörtern ein, worum es in der Mail geht.

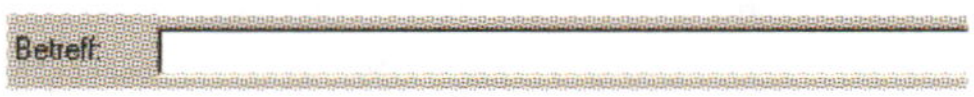

Die Betreffzeile. Hier sollte stehen, worum es in deiner Mail geht.

Beim Empfang einer Mail kann man normalerweise nicht sofort sehen, was drin steht. Wenn man nun viele Mails auf einmal bekommt, ist es ausgesprochen hilfreich, wenn man an der Betreffzeile schon erkennen kann, worum es in der Mail geht. So kann man zum Beispiel wichtige Mails zuerst lesen und unwichtige oder langweilige dann, wenn man mehr Zeit hat.

6 Zum Schluss kommt das Wichtigste: der Text der E-Mail. In das Textfeld schreibst du den Text deiner Mail – genau wie bei einem normalen Brief.

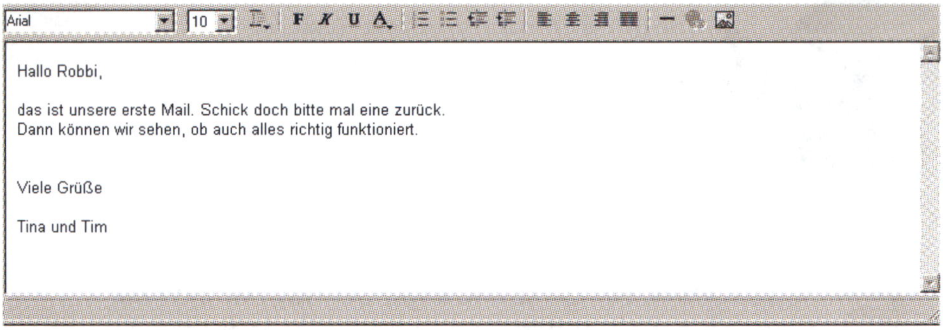

TIPP

Obwohl du bei vielen E-Mail-Programmen deine Texte in verschiedenen Buchstabenformen, -größen oder -farben schreiben kannst, bleibt davon beim Empfänger oft nichts übrig, denn nicht alle E-Mail-Programme und auch nicht alle E-Mail-Server im Internet können solche Formatierungen deiner Texte richtig erkennen und übertragen. Wenn du dir also nicht sicher bist, ob solche Texte bei deinen E-Mail-Partnern auch richtig ankommen, solltest du besser nur die ganz normale Schriftart verwenden. Das Gleiche gilt auch für Bilder oder Rahmen, mit denen man bei einigen E-Mail-Programmen die Texte verschönern kann. Solche Spezialeigenschaften werden oft einfach verschluckt oder machen im schlimmsten Fall deine Mail sogar unlesbar.

7 Wenn du alles fertig hast, solltest du noch einmal kurz die Mail-Adresse überprüfen. Dabei kann man sich nämlich leicht vertippen und dann kommt die Mail nicht an.

Danach kannst du deine Mail losschicken, in dem du auf die Schaltfläche Senden klickst.

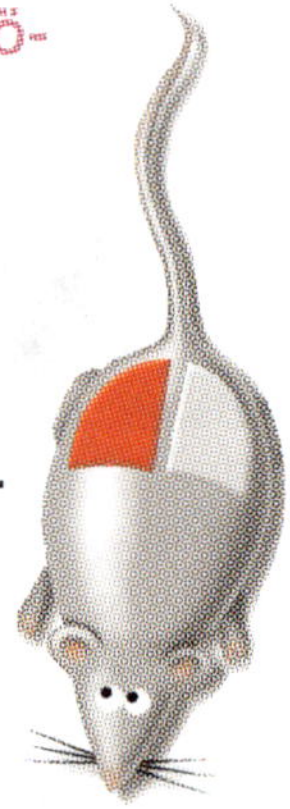

Nach dem Klicken auf Senden werden bei Outlook Express alle Mails zuerst in das so genannte Postausgangsfach verschoben. Um die E-Mail also tatsächlich zu verschicken, muss man zuerst in das Postausgangsfach wechseln und dort auf Senden/Empfangen klicken, bevor die Mails wirklich ins Internet geschickt werden.

8 Nach dem Klick auf Senden wird deine Mail in das Postausgangsfach verschoben, wo sie darauf wartet, ins Internet geschickt zu werden. Klicke dazu einfach auf Postausgang ...

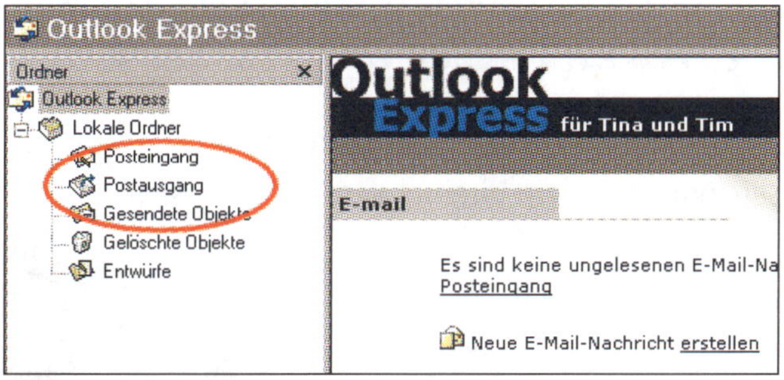

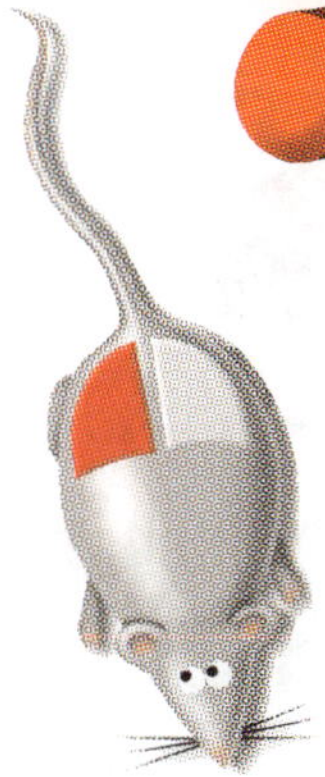

Das Postausgangsfach. Hier warten alle Mails darauf, abgeschickt zu werden.

9 ... und danach auf die Schaltfläche Senden/Empfangen.

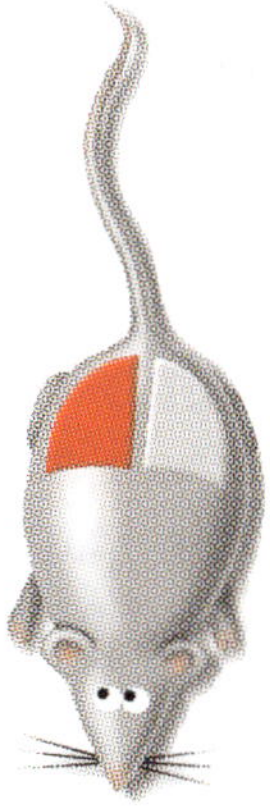

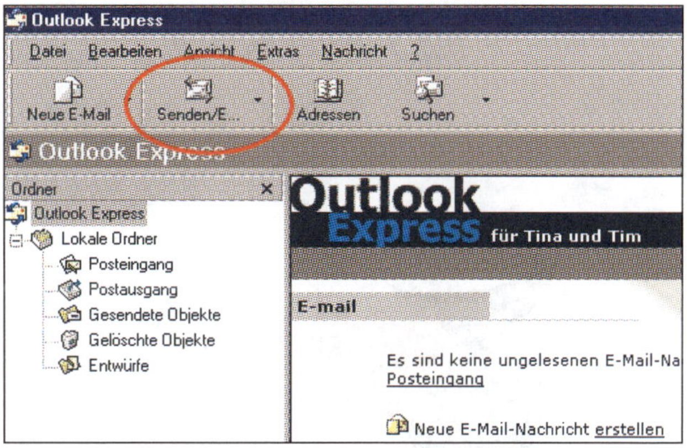

Erst nach dem Klick auf Senden/Empfangen werden die Mails tatsächlich abgeschickt.

Erst jetzt wird deine Mail (und alle anderen, die schon im Postausgangsfach lagen) ins Internet geschickt.

Wozu werden die Mails zuerst in das Postausgangsfach verschoben?

Auf diese Weise kannst du in aller Ruhe nacheinander auch mehrere Mails schreiben, ohne dass du jedes Mal eine Verbindung zum Internet herstellen musst. Du verschiebst einfach alle Mails in das Postausgangsfach und klickst am Schluss nur einmal auf `Senden/Empfangen`.

Praktisch! Dann kann man ja alle Mails schreiben und lesen, ohne mit dem Internet verbunden zu sein.

Genau so ist es. Auf diese Weise kann man viel Geld sparen, weil man ja immer nur ganz kurz online ist.

So kannst du E-Mails mit Outlook Express empfangen und lesen

So, nachdem wir jetzt schon eine Mail mit Outlook Express verschickt haben, wollen wir uns anschauen, wie ihr Mails empfangen und lesen könnt.

Das ist sowieso viel spannender als selbst welche zu schreiben.

Genau, man weiß ja nie so genau, wer einem eine Mail geschickt hat und was drin steht.

Na ja, E-Mails lesen ist vielleicht spannender als selbst Mails zu schreiben. Beim Mailen ist es aber genauso wie beim Briefschreiben. Wer selbst nie schreibt, der bekommt auch irgendwann keine Post mehr.

1 Genau wie beim Absenden von E-Mails musst du auch zum Empfangen von Mails auf die Schaltfläche Senden/Empfangen klicken.

Die Schaltfläche Senden/Empfangen

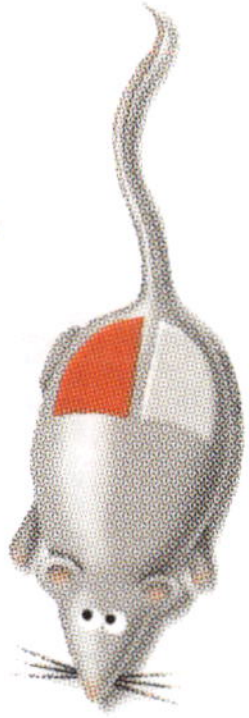

2 Danach stellt Outlook Express eine Verbindung zu deinem Mail-Server her und schaut nach, ob dort neue Mails für dich angekommen ist. Wenn ja, werden diese im Posteingangseinfach abgelegt, wo du sie dann in Ruhe lesen kannst.

Neue Mails werden zuerst im Posteingangsfach abgelegt. Outlook Express zeigt an, wie viele neue Nachrichten in diesem Fach warten.

3 Durch einen Mausklick auf das Symbol des Posteingangsfachs kannst du nachschauen, welche neuen Mails du bekommen hast. Im linken Fenster siehst du alle Mails, die sich im Posteingangsfach befinden.

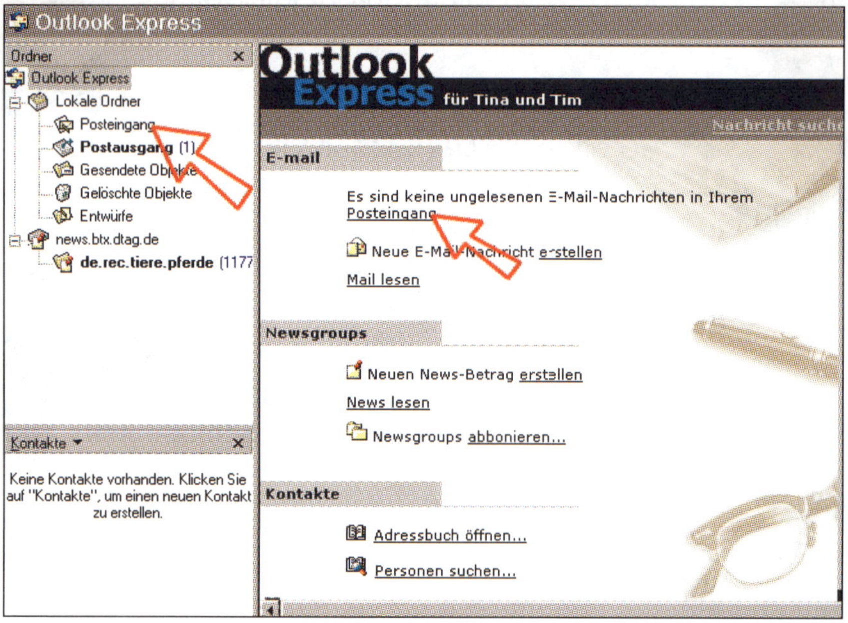

Hier kannst du das Posteingangsfach öffnen

TIPP

Du kannst an den kleinen Symbolen vor den einzelnen Zeilen ganz leicht erkennen, welche Mails du schon gelesen hast und welche nicht. Schau dir mal die kleinen Briefumschläge an! Wenn der Umschlag geöffnet ist, hast du diese Mail schon gelesen, wenn er noch geschlossen ist, dann nicht. Daran kannst du übrigens auch leicht erkennen, ob jemand anderes deine Mails gelesen hat.

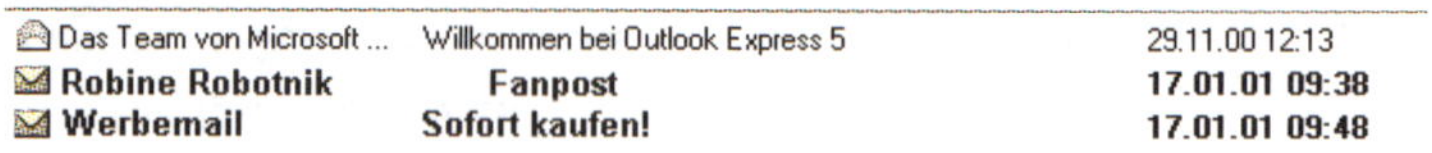

Die geschlossenen Briefumschläge zeigen an: Diese Mail wurde noch nicht gelesen.

Was ist denn da für eine Mail gekommen?
Mit dem Betreff »Sofort kaufen!«?

Es kommt leider oft vor, dass man unerwünschte Werbung per E-Mail bekommt. Deshalb sollte man seine E-Mail-Adresse auch nur guten Freunden mitteilen und sie auf keinen Fall auf irgendeiner Internet-Seite preisgeben.

4 Im Posteingangsfenster kannst du sehen, welche Mails du bekommen hast. Direkt darunter siehst du ein Fenster, in dem eine Vorschau der Mail angezeigt wird, die im Posteingangsfenster gerade angeklickt wurde.
Du kannst hier schon einmal sehen, wer dir die Mail geschickt hat und worum es geht. Das ist vor allem bei langen Mails sehr hilfreich, denn über die Vorschau bekommst du einen guten Überblick.

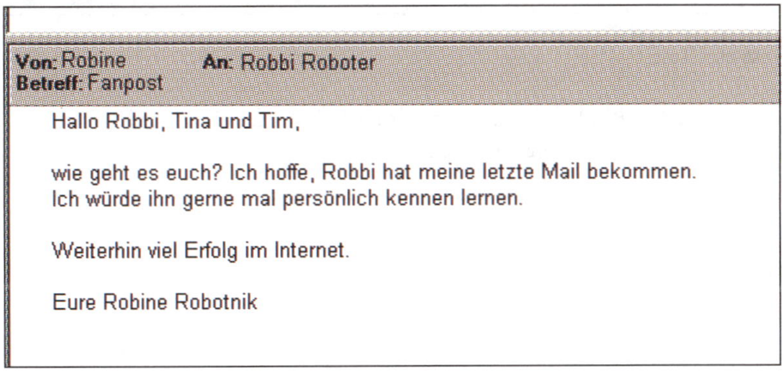

Im Vorschaufenster kann man schon einen ersten Blick in die neuen Mails werfen.

5 Die Vorschau gibt zwar einen Überblick, aber natürlich musst du die Mail, um sie komplett zu lesen, erst einmal öffnen. Dazu machst du einfach einen Doppelklick auf die Mail, die du lesen möchtest.

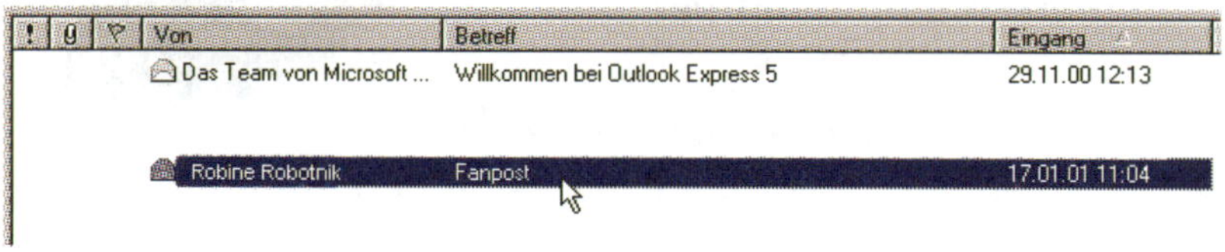

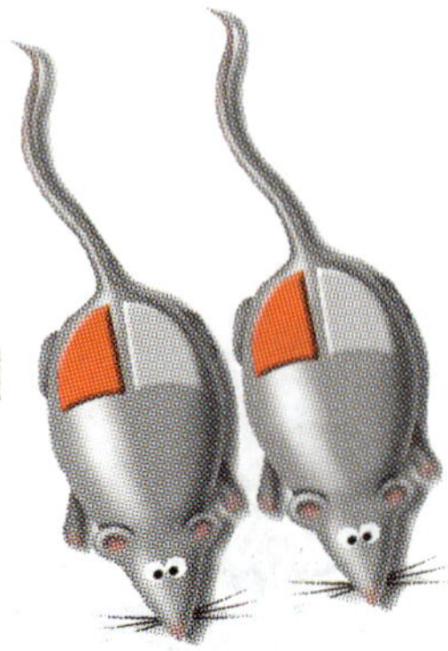

6 Es öffnet sich dann ein Fenster, in dem du die Mail lesen und – wenn du möchtest – auch direkt darauf antworten kannst. Wie du siehst, scheint Robbi im ganzen Universum zahlreiche Verehrerinnen zu haben.

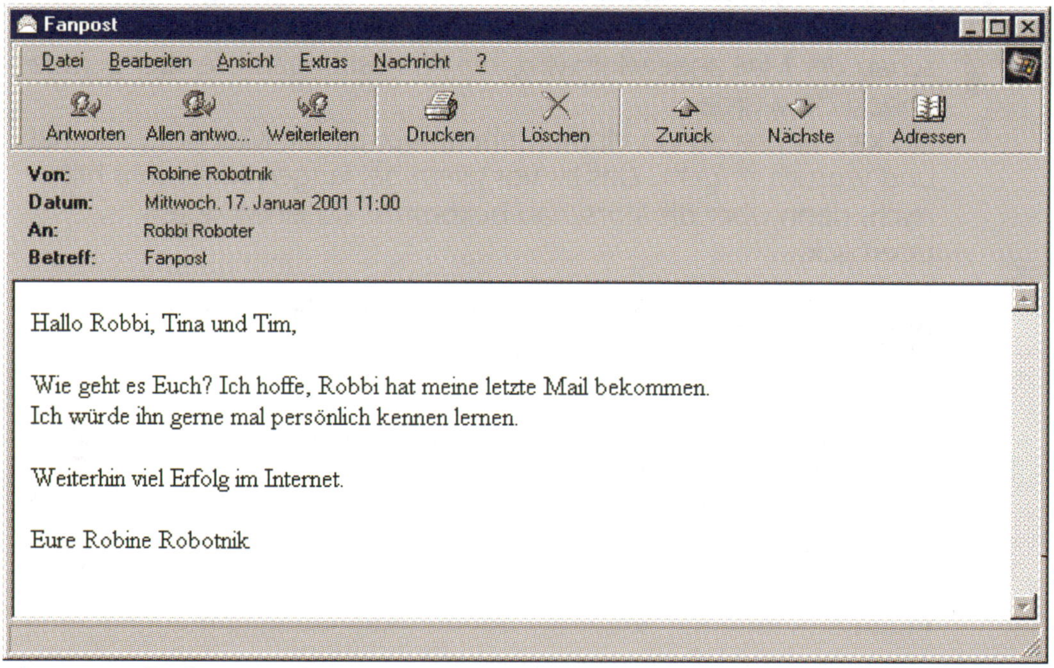

Eine neue Mail wird angezeigt.

So verschickst du eine Mail mit einem Anhang

Kann man eigentlich nur Texte mit einer E-Mail verschicken, oder auch andere Sachen?

Ja, zum Beispiel Musikdateien oder ein tolles Bild für Tante Margarete zu Weihnachten?

Auch das ist mit Outlook Express kein Problem. Ich zeige euch, wie es geht.

Als E-Mail-Anhang kann man zum Beispiel Fotos verschicken.

1 Um mit einer Mail noch eine Datei mitschicken zu können, schreibt man zuerst eine ganz normale Mail.

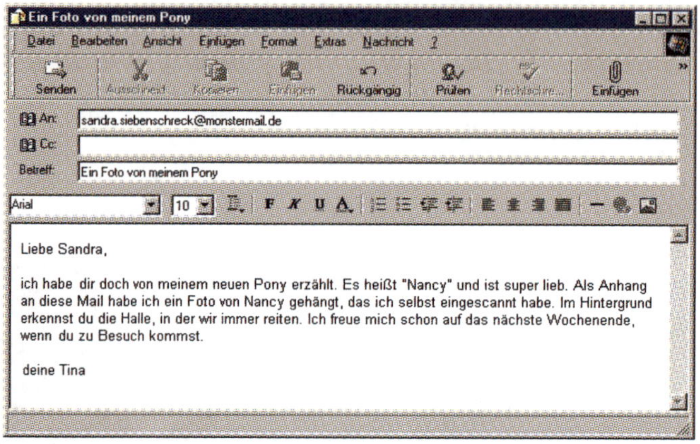

2 Nachdem du die Adresse, den Betreff und den Text eingegeben hast, klickst du einfach auf die Schaltfläche Einfügen mit dem Büroklammer-Symbol.

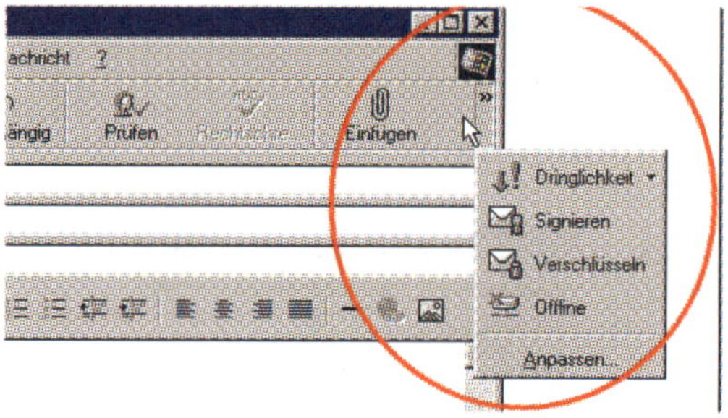

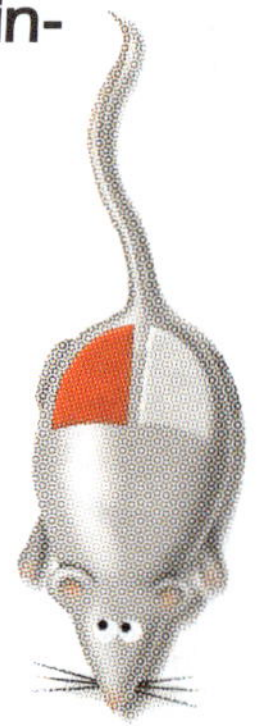

TIPP

Wenn du die Schaltfläche Einfügen nicht sehen kannst, ist dein Mail-Fenster nicht ganz geöffnet. In diesem Fall werden die Schaltflächen auf der rechten Seite abgeschnitten. Klicke dann einfach auf die Schaltfläche mit den beiden Pfeilen >> . Dann werden die fehlenden Schaltflächen (auch die Einfügen-Schaltfläche) angezeigt. In allen Fenstern von Outlook Express kannst du die Menüs in dieser Weise aufklappen, wenn die Anzeige auf dem Bildschirm nicht breit genug ist, um alle anzuzeigen.

Übrigens nennt man das Einfügen einer Datei in eine E-Mail meistens »Anhängen« und die Datei »Anhang«.

Oft benutzt man auch den Begriff »Attachment«, was aber auch nichts anderes bedeutet als »Anhang«.

3 In dem Fenster, das sich öffnet, nachdem du auf `Einfügen` geklickt hast, kannst du jetzt die Datei auswählen, die du verschicken möchtest. Das funktioniert hier genau so wie bei anderen Windows-Programmen auch.

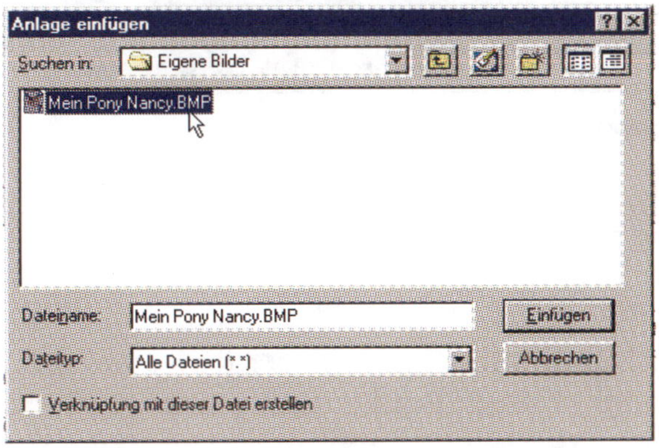

Hier kannst du die Datei auswählen, die du an deine Mail anhängen möchtest.

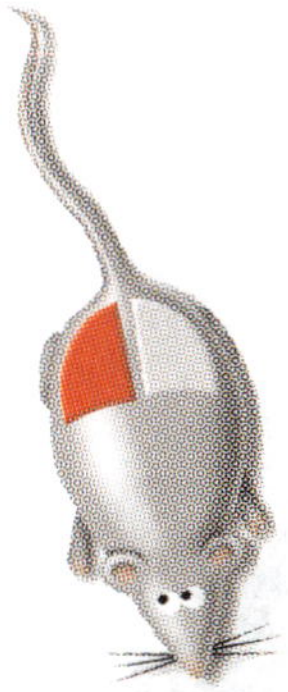

Wir wählen in unserem Beispiel die Datei mit der Bezeichnung `Mein Pony Nancy.bmp` aus dem Ordner `Eigene Bilder`, weil wir ein Foto von Tinas Pony an ihre Freundin Sandra schicken wollen. Dazu klicken wir einmal auf die Datei, um sie zu markieren.

4

Anschließend wird die Datei durch Klick auf die Schaltfläche `Einfügen` an unsere Mail angehängt.

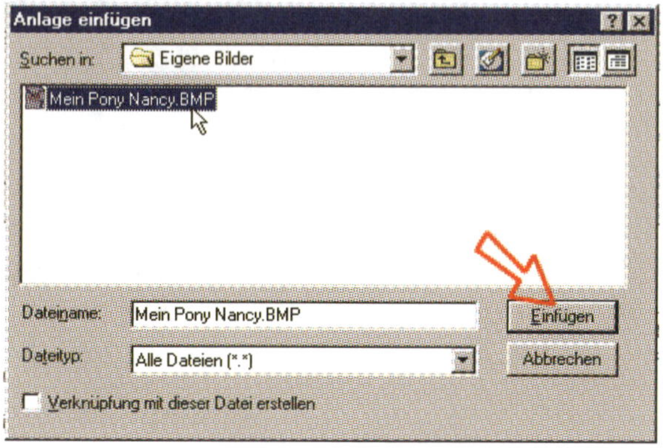

Ein Klick und deine Mail hat einen Datei-Anhang

5

Im Mail-Fenster steht jetzt in der Zeile `Einfügen` der Name der Datei, die zusammen mit der Mail verschickt wird.

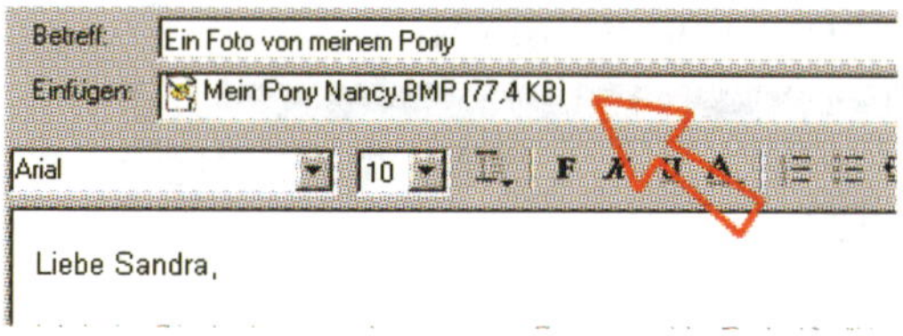

Hier werden die Dateinamen aller Anhänge angezeigt

Achtung:
Bild- oder Musikdateien sind in der Regel viel größer als eine normale E-Mail. Denke daran, dass es ziemlich lange dauert, so eine Datei zu versenden und beim Empfänger noch einmal so lange, um sie zu empfangen.
Außerdem ist die Gesamtgröße einer E-Mail mit Anhang bei vielen E-Mail-Anbietern begrenzt. Wenn deine angehängte Datei zu groß ist, wird sie vielleicht gar nicht versendet oder der Empfänger kann sie nicht empfangen. Denke deshalb immer daran, dass die Dateien, die du anhängst, nicht zu umfangreich sind!

TIPP

Übrigens: Bilddateien werden viel kleiner, wenn du sie mit weniger Farben abspeicherst. Oft reichen schon 256 Farben, damit ein Bild gut aussieht. Musikdateien sind im Format MP3 viel kleiner als im WAV-Format und lassen sich so besser verschicken.

Was du gerade gelernt hast

- Du weißt jetzt, wie ein Brief als E-Mail blitzschnell um die ganze Welt geschickt werden kann.
- Du weißt, wie eine E-Mail-Adresse aufgebaut ist und welche Bedeutung die einzelnen Teile der Adresse haben.
- Du hast das E-Mail-Programm Outlook Express kennen gelernt und weißt, wie du dort ein E-Mail-Konto einrichten kannst.
- Du kannst jetzt mit Outlook Express E-Mails empfangen und welche verschicken.
- Du weißt, was ein Attachment ist, und wie du es zusammen mit einer E-Mail verschicken kannst.

E-Mail ohne E-Mail-Programm

Das mit Outlook als E-Mail-Programm ist ja ganz gut und schön, aber wie ich Eltern so kenne, dürfen die Kinder die Mail-Adresse sowieso meistens nicht benutzen. Vor allem dann, wenn es für die ganze Familie nur eine Mail-Adresse gibt.

Und was macht man, wenn man gerade nicht zu Hause ist, sondern zum Beispiel im Computerraum in der Schule oder im Internet-Café?

Genau, da kann man ja nicht erst die ganzen Einstellungen für Outlook machen!

Auch dafür gibt es eine Lösung. Und das Beste daran ist: Bei dieser Lösung kann jeder und jede eine ganz eigene E-Mail-Adresse bekommen, die bei der sonst keiner mitlesen kann.

So bekommst du eine eigene E-Mail-Adresse bei Linomail

Eine solche E-Mail-Lösung ohne eigenes E-Mail-Programm bieten viele Internet-Provider und andere Anbieter im Internet an. Ich habe für euch einmal einen kostenlosen E-Mail-Anbieter herausgesucht, der besonders gut für Kinder geeignet ist!

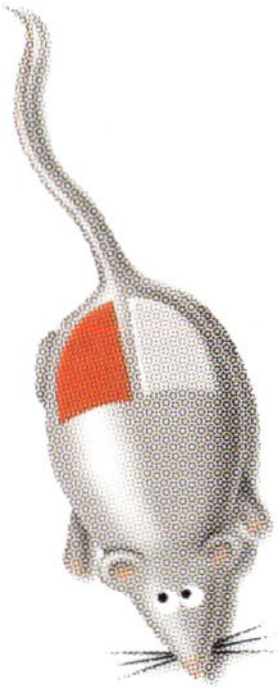

1 Wir schauen uns einmal die E-Mail-Möglichkeiten an, die es auf den Web-Seiten der Kinderzeitschrift »Geolino« gibt. Dieses E-Mail-Angebot ist speziell für Kinder gemacht. Du gibst also im Internet-Browser die Adresse von »Linomail« ein und klicken auf `Wechseln zu`.

P.S.: Die Adresse lautet http://www.geolino.de

2 Du kommst nun auf die Startseite von Geolino. Hier klickst du auf den Eintrag `Linomail`.

3 Auf der Startseite kannst du einige Informationen über Linomail nachlesen. Wenn du alles gelesen hast, klicke einfach unten auf die Adresse von Linomail. www.linomail.de

Du kannst die Adresse aber auch direkt über den Internet-Browser eingeben: **http:www.linomail.de**

Das ist die Begrüßungsseite von Linomail

4 Auf dieser Seite kannst du dich bei Linomail anmelden. Wenn du zum ersten Mal bei Linomail bist und noch kein eigenes E-Mail-Konto hast, klickst du auf das Wort [Neuanmeldung].

Beim ersten Mal klickst du auf [Neuanmeldung].

5 Für eine Neuanmeldung musst du in das folgende Formular ein paar Informationen eintragen. Frage aber zuerst deine Eltern, ob sie damit einverstanden sind!

In dieses Formular musst du einige Informationen eintragen.

6 Wenn du das Formular ausgefüllt und danach auf Weiter geklickt hast, kommst du zur nächsten Seite. Hier bekommst du ein paar Vorschläge für deine neue E-Mail-Adresse. Du kannst einen der Vorschläge auswählen oder eine eigene Idee eintragen.

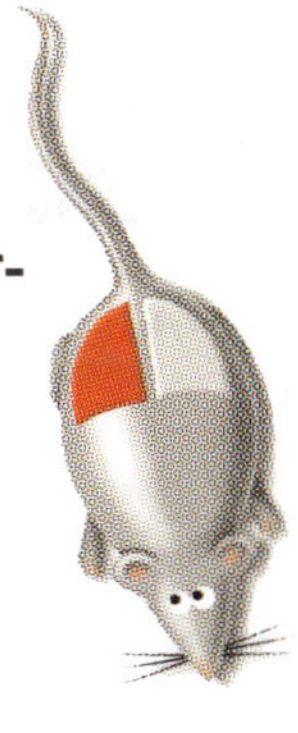

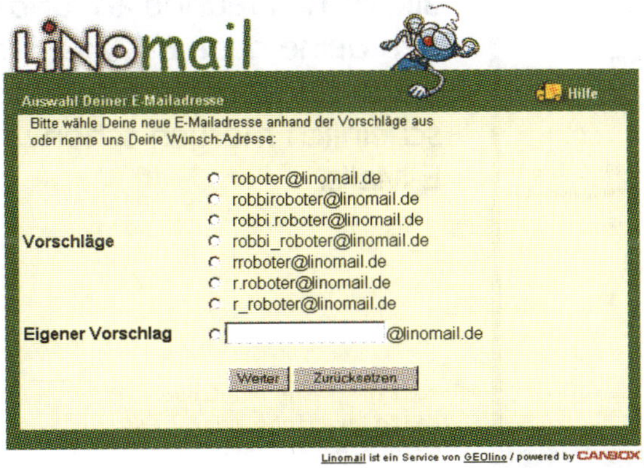

LiNOmail

Auswahl Deiner E-Mailadresse — Hilfe

Bitte wähle Deine neue E-Mailadresse anhand der Vorschläge aus oder nenne uns Deine Wunsch-Adresse:

Vorschläge
- roboter@linomail.de
- robbiroboter@linomail.de
- robbi.roboter@linomail.de
- robbi_roboter@linomail.de
- rroboter@linomail.de
- r.roboter@linomail.de
- r_roboter@linomail.de

Eigener Vorschlag ______ @linomail.de

Weiter | Zurücksetzen

Linomail ist ein Service von GEOlino / powered by CANBOX

7 Nun musst du noch ein persönliches Kennwort, ein so genanntes Passwort, festlegen. Achte darauf, dass niemand das Passwort zu leicht erraten kann! Es darf aber auch nicht so kompliziert sein, dass du es dir selbst nicht merken kannst. Als Sicherheit kannst du noch eine Frage eingeben, deren Antwort nur du kennst und die dich an dein Passwort erinnert, falls du es doch einmal vergessen solltest.

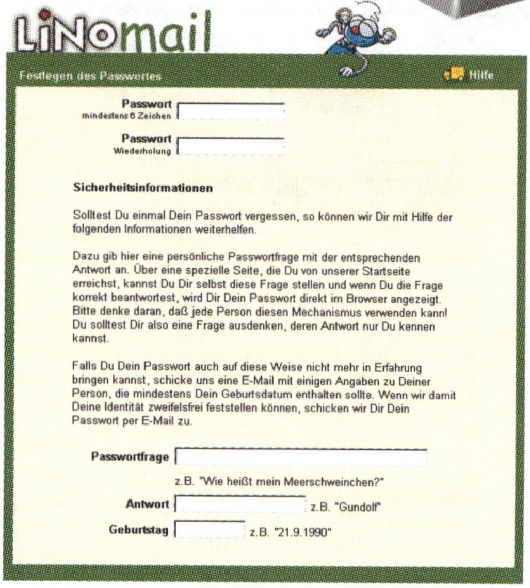
LiNOmail

Festlegen des Passwortes — Hilfe

Passwort (mindestens 6 Zeichen)

Passwort (Wiederholung)

Sicherheitsinformationen

Solltest Du einmal Dein Passwort vergessen, so können wir Dir mit Hilfe der folgenden Informationen weiterhelfen.

Dazu gib hier eine persönliche Passwortfrage mit der entsprechenden Antwort an. Über eine spezielle Seite, die Du von unserer Startseite erreichst, kannst Du Dir selbst diese Frage stellen und wenn Du die Frage korrekt beantwortest, wird Dir Dein Passwort direkt im Browser angezeigt. Bitte denke daran, daß jede Person diesen Mechanismus verwenden kann! Du solltest Dir also eine Frage ausdenken, deren Antwort nur Du kennen kannst.

Falls Du Dein Passwort auch auf diese Weise nicht mehr in Erfahrung bringen kannst, schicke uns eine E-Mail mit einigen Angaben zu Deiner Person, die mindestens Dein Geburtsdatum enthalten sollte. Wenn wir damit Deine Identität zweifelsfrei feststellen können, schicken wir Dir Dein Passwort per E-Mail zu.

Passwortfrage — z.B. "Wie heißt mein Meerschweinchen?"

Antwort — z.B. "Gundolf"

Geburtstag — z.B. "21.9.1990"

8 Fertig! Wenn du hier angekommen bist, hast du es schon geschafft.

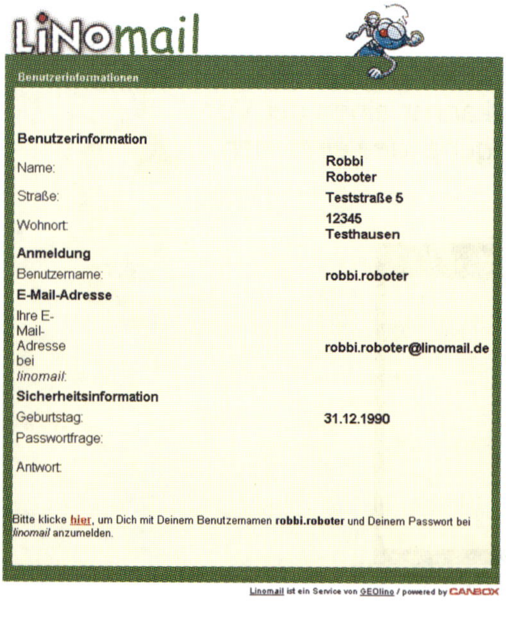
LiNOmail

Benutzerinformationen

Benutzerinformation

Name:	Robbi Roboter
Straße:	Teststraße 5
Wohnort:	12345 Testhausen
Anmeldung	
Benutzername:	robbi.roboter
E-Mail-Adresse	
Ihre E-Mail-Adresse bei *linomail*:	robbi.roboter@linomail.de
Sicherheitsinformation	
Geburtstag:	31.12.1990
Passwortfrage:	
Antwort:	

Bitte klicke hier, um Dich mit Deinem Benutzernamen **robbi.roboter** und Deinem Passwort bei *linomail* anzumelden.

Linomail ist ein Service von GEOlino / powered by CANBOX

Ab sofort kannst du unter deiner neuen E-Mail-Adresse Mails verschicken und selbst welche empfangen. Am besten, du rufst sofort alle deine Freunde an, und teilst ihnen deine neue E-Mail-Adresse mit. Dann steckt deine Mailbox wahrscheinlich morgen schon voller E-Mails.

Fertig! Wenn du diese Seite erreicht hast, ist dein E-Mail-Konto fertig eingerichtet.

So oder so ähnlich funktioniert die Anmeldung eines eigenen E-Mail-Postfachs auch bei anderen Anbietern. Die Adressen von weiteren Anbietern von kostenlosen E-Mail-Postfächern findest du in dem gelben Kasten.

GMX
http://www.gmx.de

Top Mail 2000
http://www.topmail.de

YAHOO
http://www.yahoo.de

SPRAYNET
http://www.spraynet.de

So eine Adresse bei einem freien Anbieter kann einige Vorteile haben. Ein paar findest du unten.

- Du kannst dir deine E-Mail-Adresse meistens selbst aussuchen und die Wahrscheinlichkeit, dass deine Wunschadresse noch verfügbar ist, ist viel größer als bei einem großen Internet-Anbieter.

- Du hast eine eigene E-Mail-Adresse, die weder Geschwister noch Eltern unerlaubt mitlesen können.

- Du kannst deine Mails von jedem beliebigen Computer aus verschicken oder abholen. Also auch bei Freunden, in der Schule oder in einem Internet-Café.

- Du brauchst kein spezielles E-Mail-Programm, um Mails abzuholen oder um welche zu verschicken.

So kannst du mit Linomail Mails empfangen und lesen

Zeigst du uns denn auch noch, wie man mit Linomail eine Mail verschicken oder lesen kann?

Klar! Das ist aber total einfach.

1 Zuerst gibst du wieder die Adresse von Linomail in den Internet-Browser ein, um zur Linomail-Seite zu kommen. Zur Erinnerung: http://www.linomail.de

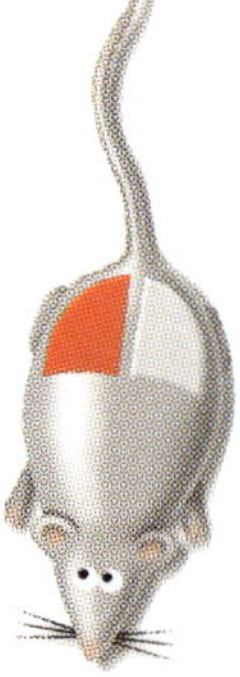

Dort gibst du deinen E-Mail-Namen und dein Passwort in die dafür vorgesehenen Felder ein.
Danach klickst du auf Anmelden.

2 Nach der Anmelung kannst du sofort sehen, ob überhaupt eine neue Mail angekommen ist.

Juuubel! Ich habe Post bekommen.

3 Durch einen Klick auf Eingang kannst du dir alle Mails anzeigen lassen, die in deiner Mailbox gelandet sind.

4 Jetzt kommt das Spannendste beim Mailen: Das Lesen einer E-Mail. Man weiß ja vorher nie so genau, wer einem was geschrieben hat.

Hey, guckt mal! Fanpost von einem weiblichen Roboter. Solche Mails finde ich ganz besonders gut! Wann soll ich die nur alle beantworten! Ach, es sind ja soooo viele ...

5 Jetzt musst du nur noch auf die Mail klicken, die du lesen willst. Ich klicke natürlich zuerst auf meine Fanpost.

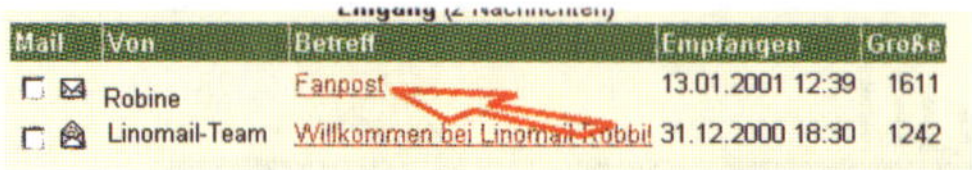

Mail	Von	Betreff	Empfangen	Größe
	Robine	Fanpost	13.01.2001 12:39	1611
	Linomail-Team	Willkommen bei Linomail Robbi!	31.12.2000 18:30	1242

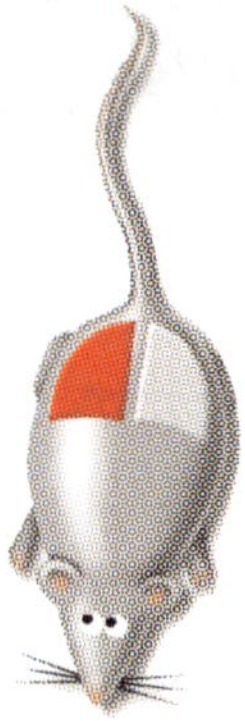

LiNOmail

Hilfe

Eingang: Nachricht Nr. 2

Von: Robine robine.robotnik@robotmail.de
An: robbi.roboter@linomail.de
Cc:
Empfangen: 13.01.2001 12:46
Betreff: Fanpost
Text: Lieber Robbi,

ich bin ein großer Fan von Dir. Vielleicht sollten wir uns mal auf eine Dose Öl treffen?

Ich wünsche Dir alles Gute und dass Deine Schrauben nie locker werden.

Wenn Du willst, schicke ich Dir mal ein Foto von mir.

Deine Robine ...

Robine Robotnik
(Baureihe 17/xa)

Weiterleiten Antworten Speichern Löschen

zurück

Einer meinen vielen weiblichen Roboter-Fans schreibt mir. Vor solchen Mails kann ich mich in letzter Zeit gar nicht retten.

Ganz schön eingebildet, unser lieber Robbi, was?!

Ach lass' ihn doch!
Wir können uns ja schon mal anschauen, wie man mit Linomail eine Mail verschicken kann.

So kannst du mit Linomail eine Mail verschicken

1 Auch das Verschicken von E-Mails geht mit Linomail kinderleicht. Als Erstes klickst du mit der Maus auf den Eintrag `E-Mail schreiben`.

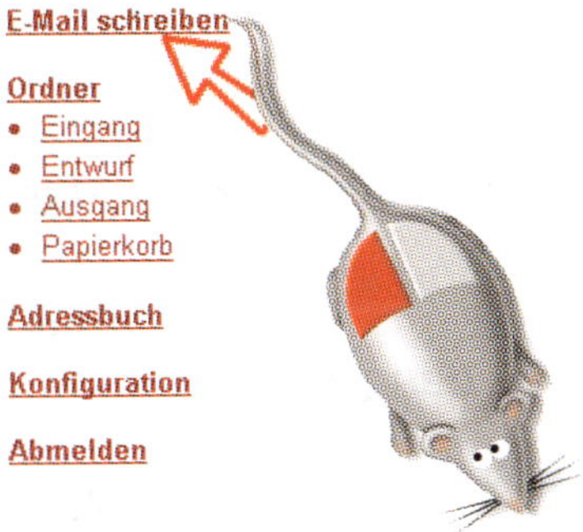

2 Es öffnet sich dann das Fenster für die neue Mail:

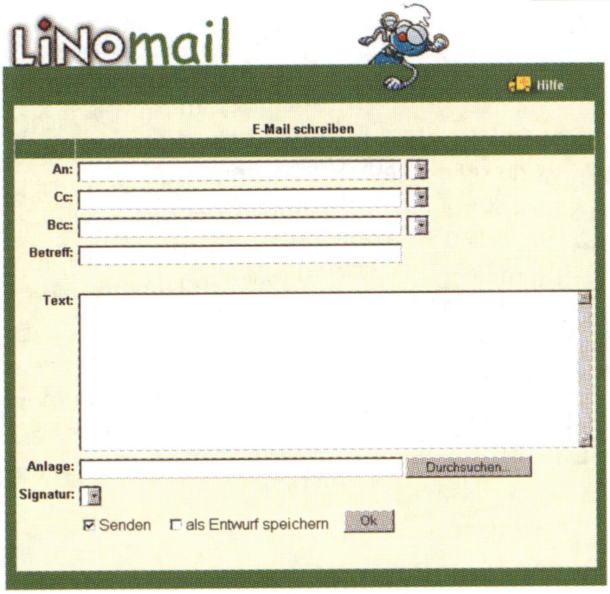

In diesem Fenster kannst du Folgendes eintragen:

`An:` Hier trägst du die E-Mail-Adresse des Empfängers ein.

`Cc:` Hier kannst du eine zusätzliche E-Mail-Adresse eintragen, wenn die Mail an mehrere Personen geschickt werden soll.

Bcc: Wenn hier eine E-Mail-Adresse steht, wird eine Kopie der Mail an diese Adresse geschickt, ohne dass der erste Empfänger der Mail etwas davon merkt.

Betreff: Hier schreibst du natürlich rein, worum es in deiner Mail geht.

Text: Logo! Hier ist das Feld für den Text deiner Mail.

Anlage: Hier kannst du eine Datei als Anlage an deine Mail anhängen.

Signatur: ???

Was ist eigentlich ...
... eine Signatur?

Eine Signatur ist im Grunde nichts anderes als eine Unterschrift. Bei E-Mails nennt man solche Unterschriften Signatur, die automatisch an das Ende einer Mail hinzugefügt werden. Du kannst bei Linomail oder auch bei den meisten Mail-Programmen eine oder mehrere Signaturen speichern, damit du nicht jedes Mal alle Angaben zu deiner Unterschrift von Hand eingeben musst. In einer Signatur kannst du übrigens auch tolle Bilder unterbringen, die aus Buchstaben bestehen.

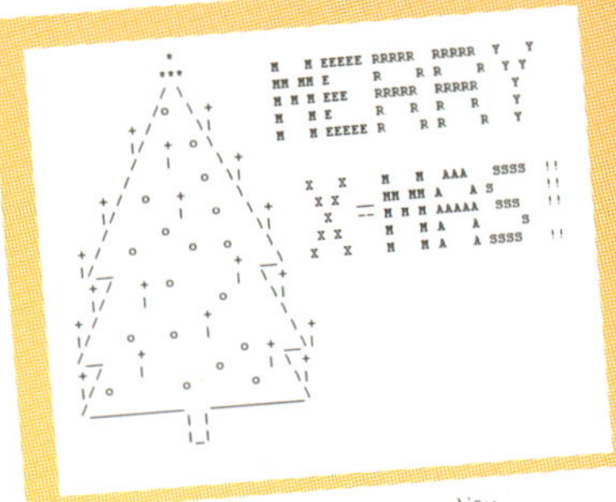

Solche Bilder kannst du nur aus Buchstaben herstellen und zum Beispiel als Signatur unter deinen E-Mails verschicken. Echt cool!

3 Jetzt musst du deine Mail nur noch schreiben. Wenn du fertig bist: Einfach Senden auswählen und dann auf OK klicken. Wenn du die Mail erst später abschicken willst, kannst du sie auch Als Entwurf speichern.

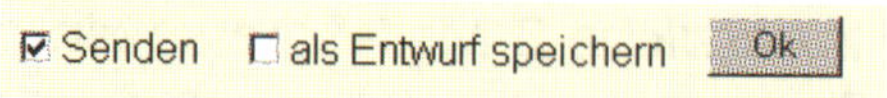

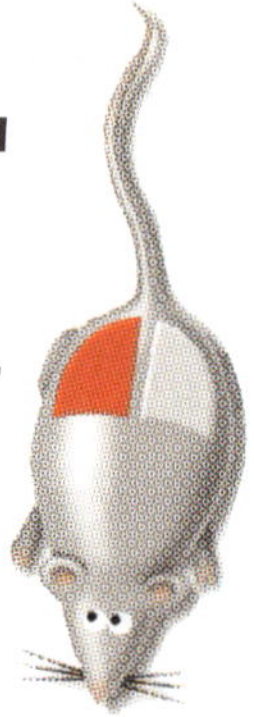

Was es sonst noch im Internet gibt

So kann man Programme aus dem Internet laden

Mein Freund Erik hat ein tolles Programm, mit dem er Musikdateien im MP3-Format abspielen kann.
Und das Beste daran ist, er hat es völlig kostenlos bekommen.

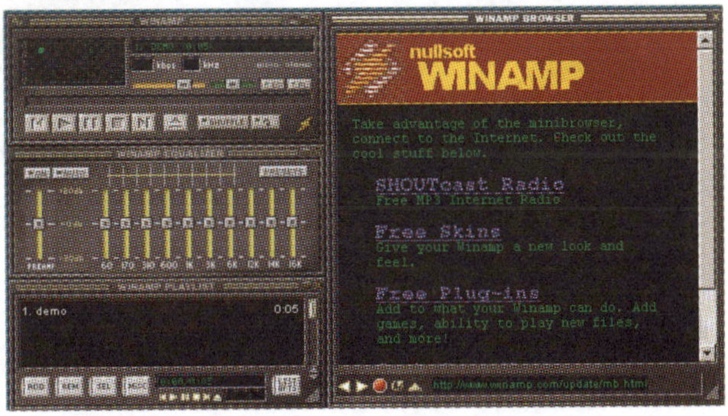

Programme wie zum Beispiel den MP3-Player Winamp kannst du an vielen Stellen im Internet kostenlos herunterladen.

Tina:

Und woher hat er das Programm genau?

Er hat es irgendwo im Internet bekommen, und er sagt, dass es da noch viel mehr kostenlose oder sehr preisgünstige Programme gibt. Sogar Spiele!

Stimmt! Im Internet gibt es viele Websites, von denen man Software oder andere Dinge auf seinen eigenen Computer herunterladen kann.

CNET DOWNLOAD.COM

FREEWARE HOME

KIDS FREEWARE

Im Internet gibt es eine Menge kostenloser oder sehr preiswerter Software einfach zum Runterladen ...

Können wir das mal ausprobieren?

Was ist eigentlich ... ... ein Download?

Unter Download (sprich: daunlohd) versteht man das Übertragen von Daten von einem Computer im Internet auf den eigenen PC. Beim Download fließen die Daten in kleinen Paketen durch das Netz. Deshalb muss man bei jedem Download abwarten, bis die zu übertragene Datei vollständig auf dem eigenen Computer gespeichert ist.

Vorsicht: Dateien von anderen Computern können in seltenen Fällen Computerviren enthalten. Deshalb solltest du nach jedem Download die neuen Dateien mit einem Virenscanner untersuchen.

Los, kommt, wir laden uns auch den kostenlosen MP3-Player aus dem Internet!

Klar, kein Problem!

1 Als erstes musst du wissen, wo man überhaupt Software im Internet finden kann. Am besten startest du die Suche bei einem der großen Freeware- und Shareware-Server.
Wir starten bei der Adresse
http://www.sharefree2000.de

Was ist eigentlich ...
... Freeware und Shareware?

Als Freeware (sprich »frihwär«) bezeichnet man alle Softwareprogramme, die man kostenlos benutzen darf. Es gibt tausende von Freeware-Programmen im Internet. Oft gibt es auch Programme mit ähnlichen Funktionen wie teure Kaufprogramme als Freeware. Auf diese Weise kannst du viel Geld sparen!
Shareware-Programme (sprich: »schärwär«) sind Programme, die man vor dem Kauf erst einmal ausprobieren kann. Wenn man das Programm dann auf Dauer benutzen möchte, weil es einem gefällt, bezahlt man an den Autor des Programms eine Shareware-Gebühr. Dafür bekommt man dann eine Programmversion, die ohne Einschränkungen funktioniert.
Beim Kauf von Software lohnt es sich immer auch nach Shareware-Programmen Ausschau zu halten. Sie sind oft genauso gut wie die teuren Kaufprogramme und im Normalfall wesentlich preiswerter.
Freeware- und Shareware-Programme darfst du an Freunde weitergeben. Aber nur, wenn du an den Programmen nichts veränderst.

Die Suche nach kostenlosen Programmen startet man am besten auf einem Freeware- oder Shareware-Server.

2 Wir beginnen unsere Suche also bei einem interessanten deutschen Share- und Freeware-Server: ShareFree 2000. Die Homepage siehst du auf der nächsten Seite.

Sharefree2000 ist einer von vielen deutschen Anbietern für Shareware und Freeware.

3 Auf der Website von Sharefree2000 findest du am linken Rand eine Übersicht über die verschiedenen Kategorien von Software, die du dort downloaden kannst.
Die meisten Shareware-Server haben hunderte oder gar tausende Programme gespeichert. Da ist es gar nicht so einfach, ein bestimmtes Programm zu finden.
Für die gezielte Suche gibt es prinzipiell zwei Möglichkeiten:

- Du suchst in der Kategorie, zu der das gesuchte Programm gehört, und blätterst alle Programme durch, die dort zu finden sind. Für unser Beispiel wären das die Kategorien `MP3` und `Multimedia`.

- Viele Shareware-Server haben ein Suchfeld, in das man den Namen des gesuchten Programms eintragen kann. Der Server sucht dann automatisch das richtige Programm heraus.

Da unser Shareware-Server über ein solches Suchfeld verfügt, geben wir hier den Namen des gesuchten Programms ein.

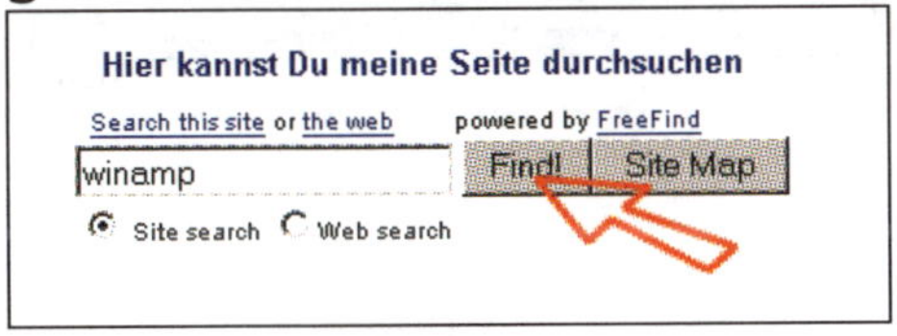

Eine solche Suchfunktion auf einer Freeware- oder Shareware-Seite kann viel Sucherei ersparen.

4 Schon nach wenigen Sekunden hat der Server das Programm gefunden:

Das ist das gesuchte Programm.

5 Durch Klicken auf den Programmnamen `1. winamp` gelangst du zu einem Bildschirm, der weitere Informationen zu dem ausgewählten Programm enthält.
Du erfährst hier, in welcher Version das Programm vorhanden ist, für welche Computer und Betriebssysteme es geeignet ist, und findest weitere Details über die Software.
Außerdem findest du hier eine Schaltfläche mit der Aufschrift `Download`, die du anklicken kannst.Durch einen Klick auf `Download` kannst du den Download starten.
Die entsprechende Web-Seite siehst du auf der nächsten Seite.

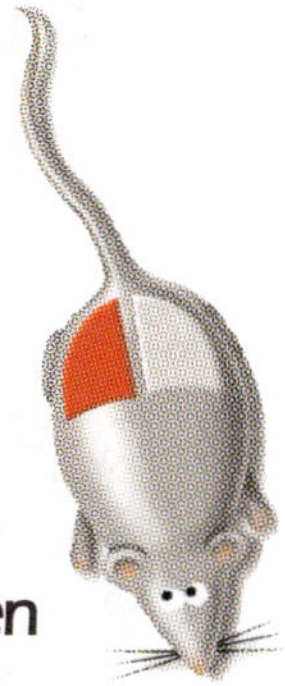

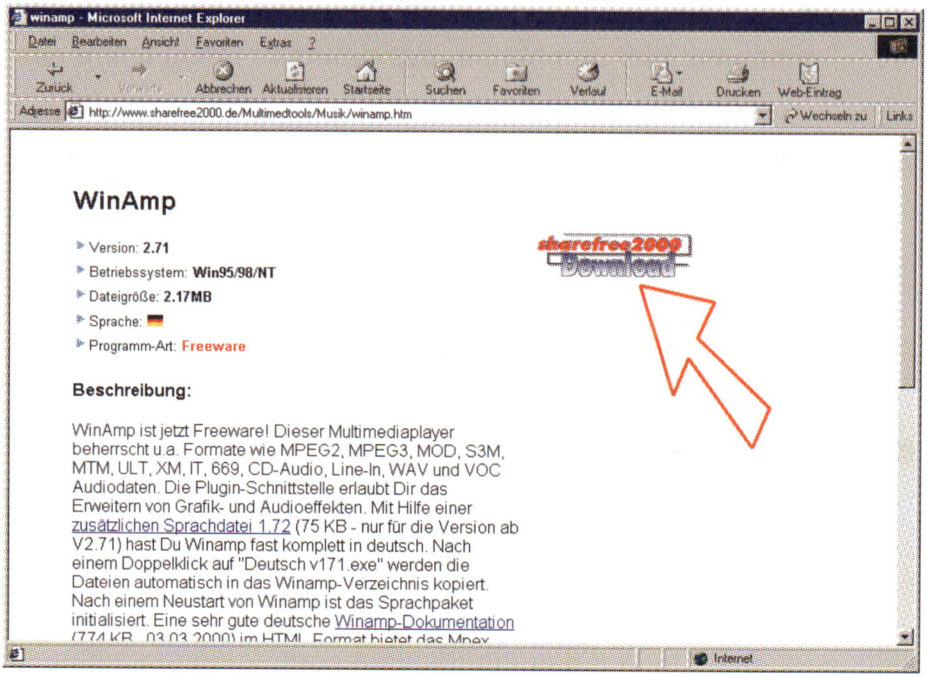

Durch einen Klick auf `Download` *kannst du nun die Software herunterladen.*

6 Automatisch erscheint ein Fenster, in dem du den Eintrag `Das Programm speichern` markierst und dann auf `OK` klickst. Danach kannst du dann angeben, wo das gewünschte Programm auf deinem Computer gespeichert werden soll. Du kannst einen vorhandenen Ordner auswählen oder aber einen neuen Ordner anlegen.

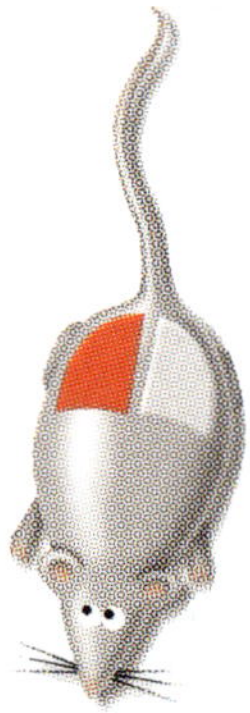

Der Download beginnt mit einem Klick auf `OK`.

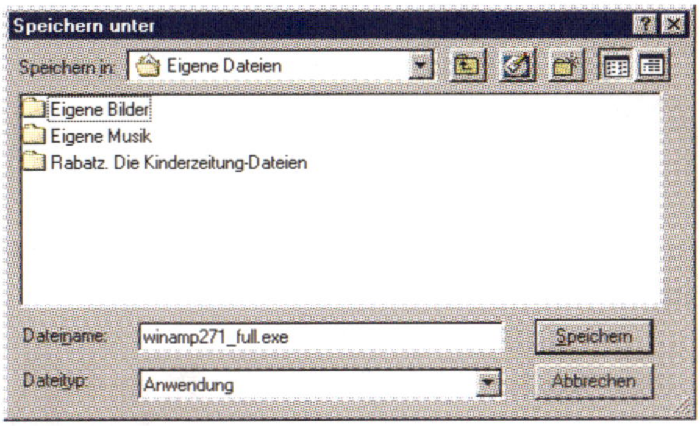

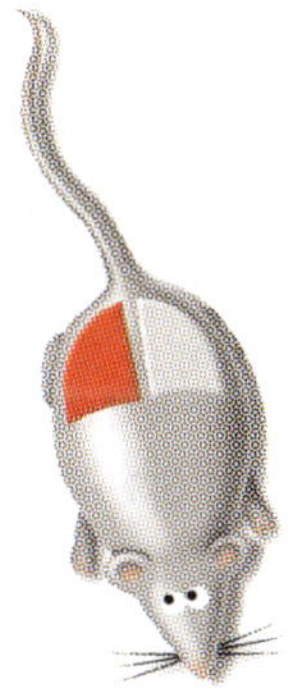

Hier soll das Programm im Ordner Eigene Dateien *gespeichert werden.*

7 Nach einem Klick auf die Schaltfläche Speichern beginnt der Download des Programms. Während der Übertragung wird ständig angezeigt, wie viel der Datei schon heruntergeladen wurde und wie viel noch fehlt. Außerdem kannst du hier ablesen, wie lange der Download ungefähr noch dauern wird.

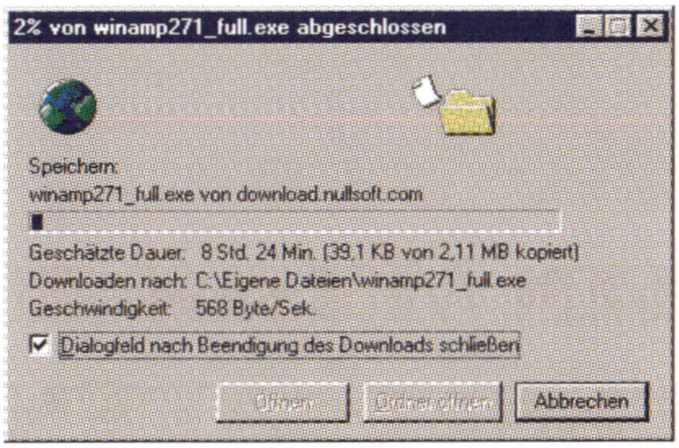

Während der Übertragung erfährst du, wie lange der Download noch dauert.

8 Wenn die Übertragung beendet und die Datei auf der Festplatte gespeichert wurde, sollte sie zur Sicherheit mit einem Virenscanner überprüft werden.

Aus Sicherheitsgründen sollte jede Datei, die aus dem Internet kommt, auf Viren überprüft werden. Wenn du kein Virenscanner-Programm hast, kannst du im Internet leicht ein solches Programm finden, das du sogar kostenlos benutzen kannst.

TIPP

Versuche es doch einmal unter dieser Adresse:

http://www.sharefree2000.de

Du kannst ein Virenschutzprogramm genauso herunterladen wie in unserem Beispiel den MP3-Player.

In der Kategorie Utilities findest du unter der angegeben Adresse sogar einen kostenlosen Freeware-Virenscanner.

AntiVir®

Im Internet gibt es eine ganze Reihe von Virenschutzprogrammen, die für den privaten Einsatz als Freeware, also kostenlos, angeboten werden.

Alles klar?! Wenn die Datei in Ordnung ist, kannst du sie jetzt einfach auf deinem Computer installieren wie jedes andere Programm.
Viel Spaß beim Musik hören!

So kann man Musik aus dem Internet laden

Toll, jetzt haben wir schon mal ein MP3-Abspielprogramm.

Jetzt brauchen wir aber auch Musik, die wir damit hören können.

Da gibt's im Internet doch bestimmt auch eine Quelle. Oder?

Im Internet gibt es Unmengen von Musik zum Herunterladen. Man muss dabei nur ein wenig vorsichtig sein.

Warum das denn?

Weil man nicht jedes Musikstück einfach aus dem Internet laden darf. Einige der Musikdateien, die im Internet angeboten werden, sind illegal dort gespeichert worden.

Was bedeutet das? Illegal?

Die Musiker, die die Musikstücke aufnehmen, verdienen normalerweise ihr Geld damit, dass die Musik auf CDs verkauft wird. Wenn jeder sich die Musik kostenlos im Internet herunterladen kann, verdienen die Musiker kein Geld mehr und können keine neue Musik produzieren.

Darf man denn dann gar keine Musik aus dem Internet laden?

Zum Glück doch. Es gibt eine Menge Musik im Internet, die völlig legal heruntergeladen werden darf. Wenn ihr Lust habt, probieren wir das einmal aus.

1 Man muss eine Website finden, die Musikstücke zum Download anbietet.
Im Internet gibt es tausende von Websites, die Musik, zum Beispiel im MP3-Format zum Herunterladen anbieten.
Wenn du die alle durchsuchen möchtest, gib einfach bei einem Suchdienst wie zum Beispiel »Altavista« Suchbegriffe wie `Musik` oder besser `MP3` ein – am besten in Kombination mit dem oder der Musiker/in, die du suchst. Die Adresse lautet **http://www.altavista.de**
Für unser Beispiel habe ich eine deutschsprachige Seite ausgewählt, die MP3-Musik aus den verschiedensten Stilrichtungen zum Download anbietet. Gib' also folgende Adresse in deinen Internet-Browser ein: **http://www.mp3.de**

2 Es erscheint die Homepage der Website.

3 Auf der Seite angekommen, kannst du einfach ein bisschen herumstöbern und gucken, ob etwas für deinen Geschmack dabei ist.
Am linken Bildschirmrand werden übrigens die verschiedenen Stilrichtungen aufgelistet.

4 Schauen wir doch mal nach, was sich hinter der Rubrik Pop verbirgt.
Einfach draufklicken ...

Neue Pop-Songs	
teardrops donfelix	Pop
Ein Neues Leben Project Alpha	Synthie-Pop
Jeder Hat Ein Leben Project Alpha	Synthie-Pop
Laßt Uns Tanzen Project Alpha	Synthie-Pop
I Fear André Eule	Easy-Listening
Kampf Mit Gefühlen Project Alpha	Synthie-Pop
Lied Vom Leben Project Alpha	Synthie-Pop
Traumfrau Project Alpha	Synthie-Pop
das stimmt doch n... siebeth	Pop
was ich nicht ver... siebeth	Pop
	zu den neuesten 50 songs...

Pop Charts			
1.	DAS EBRU D.J. Grandfather ...	Pop	1
2.	partygirl puppe3000	Pop	1
3.	it's alright siebeth	Pop	-
4.	Vorsicht Weiber Vorsicht Weiber	80's	1
5.	männerwurst Papa Döner	Pop	2
6.	De Lyse Timer tv-2	Pop	10
7.	I can't give you ... Victoria Boland	Easy-Listening	3
8.	MOVIE STAR SHIVER	Pop	1
9.	Kill The Wähngaboys SNUFFCRAFT	Dancefloor-Pop	3
10.	kill the sun xandria	Pop	1
			zu den Top 50...

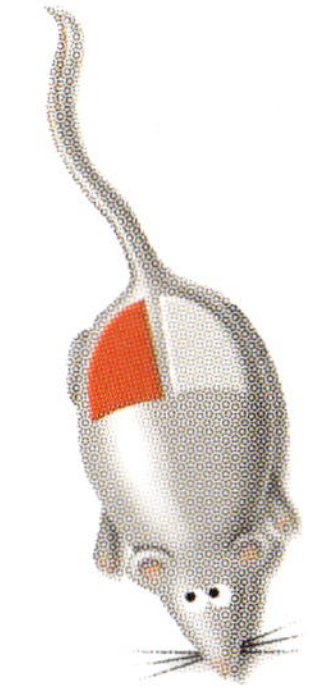

Hier siehst du als Beispiel eine Auswahl an Songs aus der Rubrik Pop.

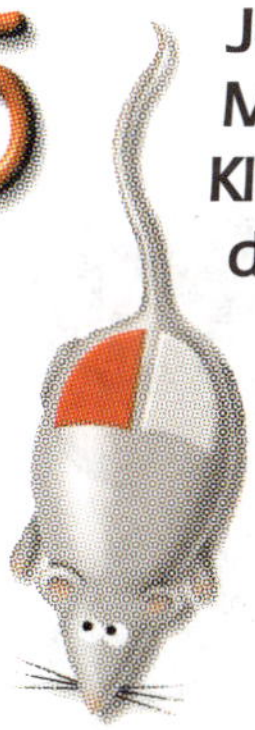

Jetzt möchtest du dir wahrscheinlich gerne die Musikstücke anhören. Nichts leichter als das. Klicke einfach auf den kleinen Lautsprecher in der Zeile des Titels, den du hören möchtest.
Wenn du schon den MP3-Player Winamp oder einen anderen MP3-Player auf deinem Computer installiert hast, startet jetzt automatisch die Wiedergabe der Musik.

6 Manchmal kannst du die Musikdateien nicht direkt anhören, sondern musst sie vorher auf deine Festplatte herunterladen. Das geht aber genauso einfach wie der Download eines Programms. Und wenn du die Datei dann heruntergeladen hast, reicht ein Doppelklick, um die Wiedergabe zu starten.

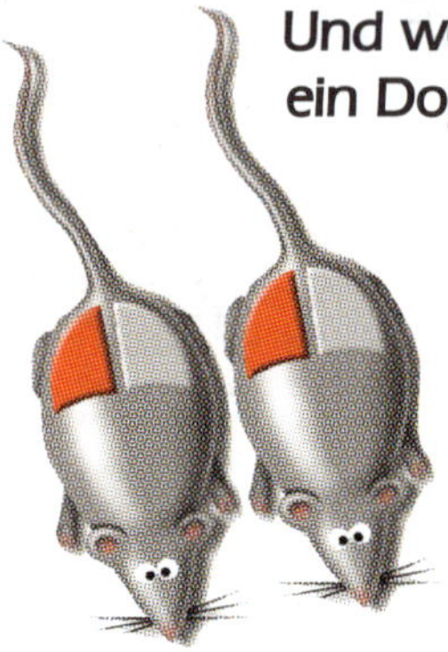

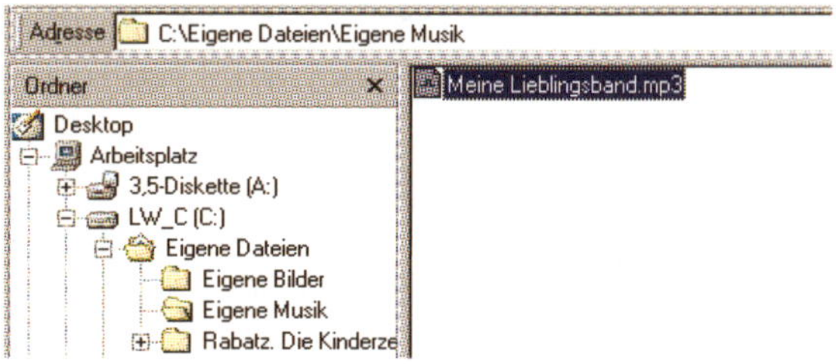

Im Windows-Explorer können Musikdateien einfach durch Doppelklick gestartet werden.

So kann man im Internet chatten

Endlich kommen wir zu meinem Lieblingsthema, dem Chatten.

Was ist das denn eigentlich ganz genau? Alle reden darüber, aber keiner weiß so richtig, wie es funktioniert.

Also, das ist im Grund ganz einfach: »Chatten« bedeutet auf Deutsch nichts anderes als »sich unterhalten« oder »plaudern«. Ein Chat ist also eine kleine Unterhaltung.

Sozusagen ein Schwätzchen!

Genau. Das Besondere am Chatten im Internet ist aber, dass man seine Gesprächspartner nicht sehen kann. Die ganze Unterhaltung findet nur über die Tastatur statt. Alle Fragen, Antworten und so weiter müssen über die Tastatur eingegeben werden.

TIPP

Wenn du bisher noch keine Lust hattest, die Bedienung der Computertastatur mal richtig zu üben, solltest du dir überlegen, ob du vor dem Chatten nicht mal ein kleines Tastaturtraining absolvierst. Beim Chatten musst du nämlich ganz schön flott in die Tasten greifen, wenn du bei den Gesprächen mitkommen willst. Sonst sind alle anderen schon bei einem anderen Thema, wenn du mal eben mit dem Eintippen fertig bist.

Und wie geht das mit dem Chatten? Muss man da die Adresse von einem bestimmten Server eingeben?

Haargenau. Ich sehe, du hast bisher gut aufgepasst. Im Internet gibt es hunderte von Chat-Angeboten. Aber Vorsicht: Nicht alle sind für Kinder geeignet! Schauen wir uns doch mal so ein Chat-Angebot im Internet an!

1 Wir starten mit folgender Adresse:
http://chat.schulweb.de

Der Schulweb-Chat ist ein Chat für Schülerinnen und Schüler. Auf der Startseite klickst du auf `Ich will jetzt reinschauen!`.

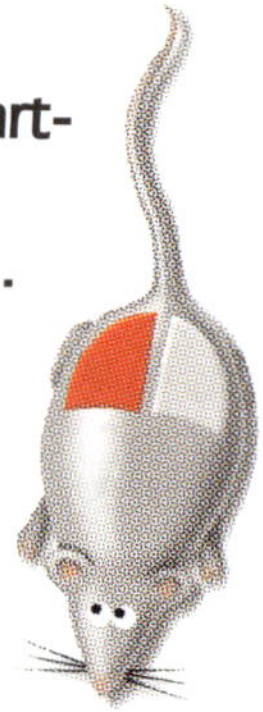

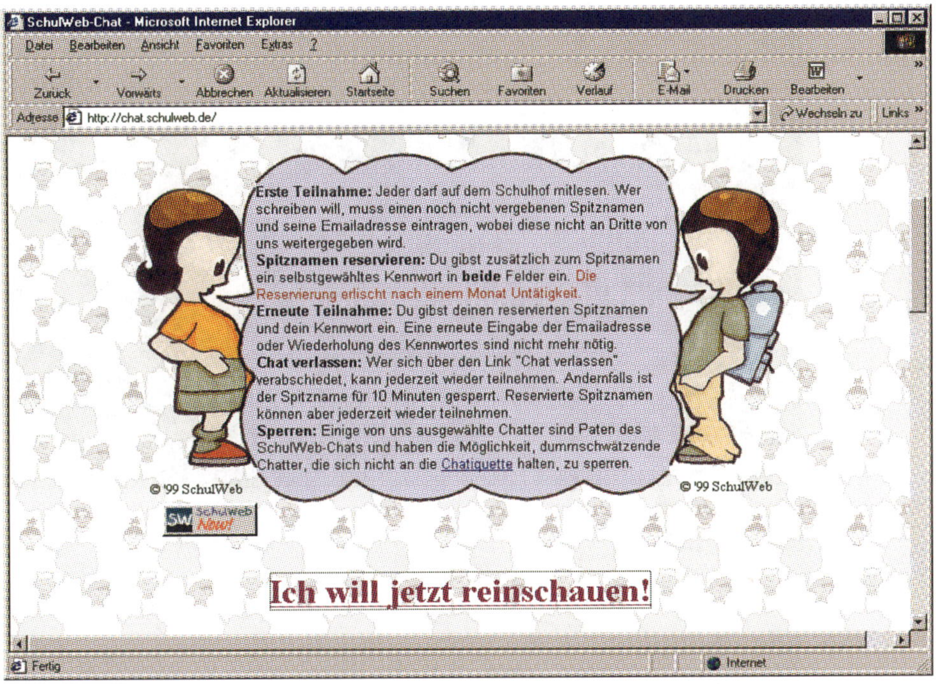

2 Um bei einem Chat mitmachen zu können, musst du dich vorher anmelden. Bei der Anmeldung zu einem Chat musst du normalerweise einen Spitznamen (englisch »nickname«) auswählen, unter dem deine Beiträge dann im Chat zu lesen sind.

Bei der Anmeldung solltest du auf keinen Fall deinen wirklichen Namen als Nickname oder Chat-Namen angeben. Such' dir einfach einen coolen Namen aus. Vielleicht hast du ja eine Lieblingsfigur in einem Comic, im Fernsehen oder in einem Kinofilm. Oder du wählst einfach einen Spaßnamen aus. Dir fällt schon was ein!

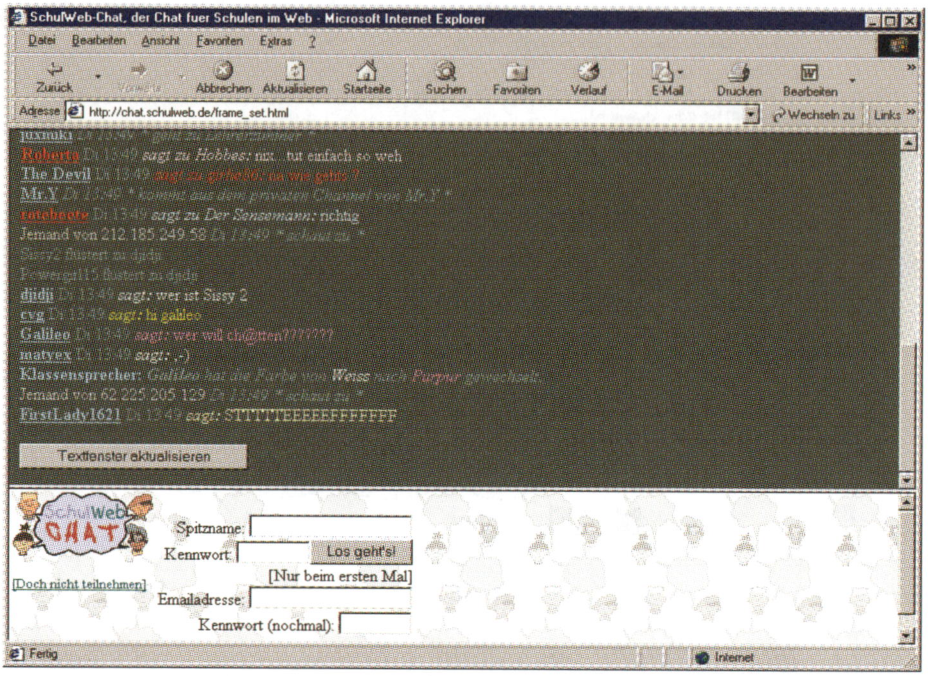

In einem Chat-Raum reden alle durcheinander.
Das solltet ihr mal in der Schule machen ;-)!

Hey, da geht ja alles völlig durcheinander.
Jede Menge komische Namen und Farben.

Quatsch! Das sind doch alles die verschiedenen Chatter, die gerade in diesem Chat-Raum sind.

Stimmt. Sobald einer der Chatter etwas »sagt« oder besser gesagt etwas tippt, erscheint eine neue Zeile mit seinem Namen und seinem Text in dem Fenster.
Ich melde mich jetzt mal im Chat an.

3

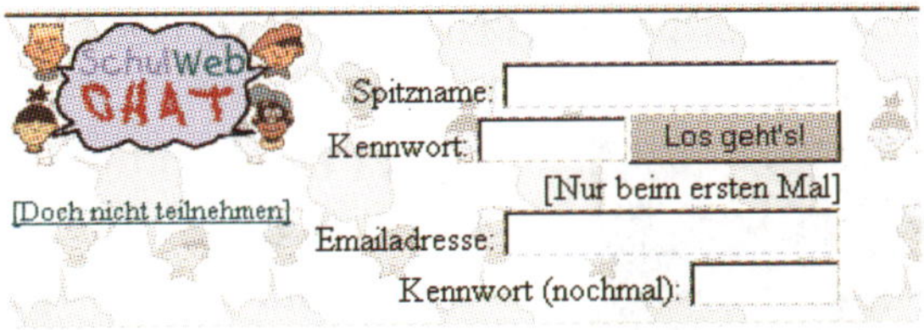

Folgendes musst du bei der Anmeldung beim Schulweb-Chat angeben:

Spitzname Irgendein Name, der dir gut gefällt und mit dem du im Chat angesprochen werden möchtest.

Kennwort Dein persönliches Passwort für den Chat. Das brauchst du für die Anmeldung. Das Passwort darfst du niemanden verraten.

E-Mail-Adresse Klar, was da rein soll.

Kennwort (nochmal) Eine Wiederholung des Kennworts von oben, um sicher zu sein, dass du dich nicht vertippt hast.

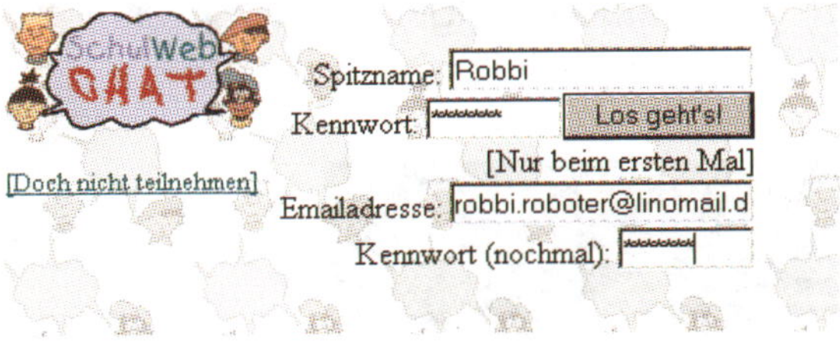

Und jetzt auf Los geht's klicken.

Los geht's!

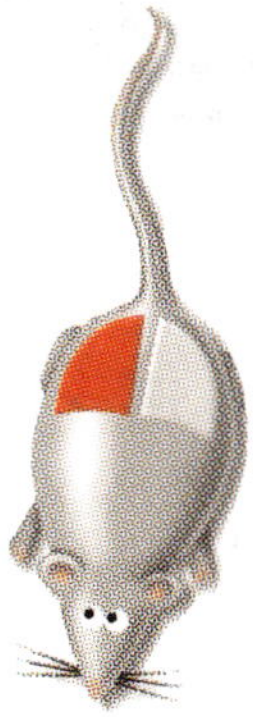

4 Sobald du dich im Chat angemeldet hast, erscheint dein Spitzname in der Liste der Teilnehmer.

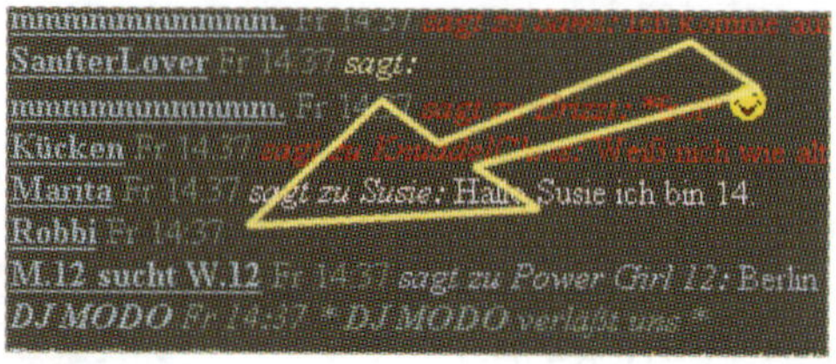

Hey, es hat funktioniert.
Guckt mal, da auf
dem Bildschirm steht
mein Name!

5 Jetzt geht es darum, sich am Chat zu beteiligen, also selbst etwas zu einem Chat-Gespräch beizutragen.
Zuerst trägt man das, was man sagen will in die Sag! -Zeile ein.

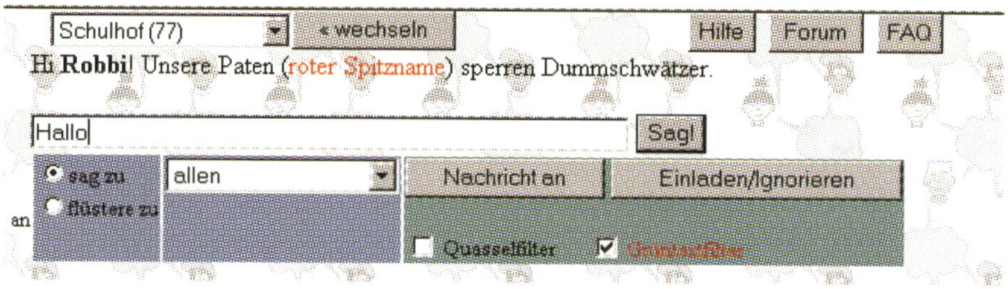

Dann klickst du auf die Schaltfläche Sag! .

Sobald du die Sag! -Schaltfläche angeklickt hast, erscheint dein Beitrag für alle Chat-Teilnehmer lesbar auf dem Bildschirm.

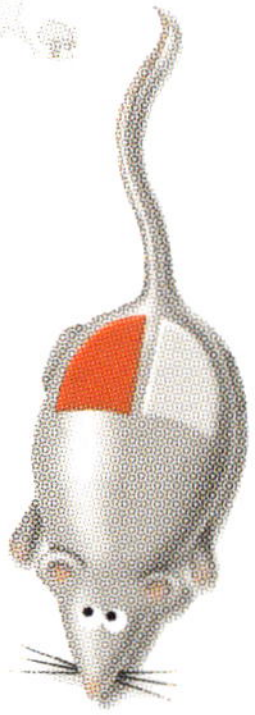

Na ja! Dann wollen wir mal schauen,
wer mit einem waschechten Roboter
sprechen, äh, ich meine natürlich chatten will!

Wichtige Regeln beim Chatten

Immer schön höflich bleiben. Das gilt auch im Internet!

Beim Chatten gelten einige Grundregeln, an die du dich immer halten solltest. Diese Regeln für das Chatten nennt man auch »Chattiquette« (sprich »tschättikett«.)

- Sei zu allen anderen Chattern immer höflich und beleidige niemanden. Wenn dich jemand angreift, bleib' ruhig oder verlasse den Chat-Raum.

- Gib in einem Chat niemals persönliche Daten wie deinen echten Namen, deine E-Mail-Adresse, deine Telefonnummer oder gar deine Adresse zu Hause an.

- Beim Chatten weiß man nie, wer hinter einem bestimmten Chat-Namen steckt. Denke daran, wenn jemand merkwürdige Fragen oder unanständige Beiträge chattet. Es könnte auch ein Erwachsener sein, der nur so tut, als wäre er noch Schüler. Verlasse auch in diesem Fall den Chat-Raum. Melde den Vorfall beim Chat-Betreuer.

- Verabrede dich in einem Chat niemals mit einem anderen Chatter zu einem Treffen außerhalb des Chats, außer wenn du 100%-ig sicher bist, dass der- oder diejenige OK ist. Sag' VOR so einem Treffen unbedingt deinen Eltern Bescheid. Am besten, sie begleiten dich zum ersten Treffen. Das ist dann nicht etwa uncool, sondern äußerst schlau.

Wichtige Zeichen beim Chatten

Beim Chatten werden Gefühle oft mithilfe verschiedener Buchstaben wie des Doppelpunkts [:], des Kommas [,], des Semikolons [;], der Klammern [( ] [ )] usw. ausgedrückt. Man nennt diese Zeichen »Emoticons« oder »Smileys«. Hier ist eine Liste der wichtigsten Zeichen.

:-)	Chatter lacht
:-(	Chatter ist sauer
:-\	Chatter ist sich nicht sicher
:-))	Chatter lacht stark
;-)	Chatter zwinkert ironisch
B-)	Chatter ist Brillenträger
:,-(	Chatter weint
:,-)	Chatter weint vor Freude
:-0	Chatter ist schockiert
:-P	Chatter streckt die Zunge raus
|-0	Chatter ist müde
=:-)	Chatter ist ein Punker
:-)=	Chatter trägt einen Bart
@}—	Blume
@}X-	Rose
:-x	Kuss

Wichtige Abkürzungen beim Chatten

Beim Chatten muss es meistens ziemlich schnell gehen. Deshalb haben sich im Laufe der Zeit viele Abkürzungen eingebürgert, die sich schnell auf der Tastatur eingeben lassen. Um in einem Chat mitreden zu können, solltest du die wichtigsten Kürzel kennen.

g	(grin)	Grinsen
bg	(big grin)	breites Grinsen
vbg	(very big grin)	sehr breites Grinsen
ggg		ebenfalls sehr breites Grinsen
eg	(evil grin)	teuflisches, gemeines Grinsen
lol	(laughing out loud)	lautes Lachen
LOL	(lots of love)	Alles Liebe (Vorsicht: nicht verwechseln mit *lol*)
CU	(see you)	auf Wiedersehen
AFK	(away from keyboard)	gerade nicht am Platz
ROTFL	(rolling on the floor laughing)	sich vor Lachen auf dem Boden wälzen
FOCL	(falling off chair laughing)	vor Lachen vom Stuhl fallen
BBL	(be back later)	bis später

BBS	(be back soon)	bis gleich
IMHO	(in my humble opinion)	meiner bescheidenen Meinung nach
AFAIK	(as far as I know)	soviel ich weiß
TNX	(thanks)	danke
HTH	(hope this helps)	ich hoffe, das hilft
FYA	(for your amusement)	etwas zum Lachen
IOW	(in other words)	mit anderen Worten
PMJI	(pardon me (for) jumping in)	Entschuldigung, dass ich mich einmische
BTW	(by the way)	übrigens, nebenbei gesagt
NP	(no problem)	kein Problem
ASAP	(as soon as possible)	so bald wie möglich
FYI	(for your information)	zur Information
OTOH	(on the other hand)	andererseits
WB	(welcome back)	Herzlich Willkommen
TIA	(thanks in advance)	Danke im Voraus
FAQ	(frequently asked questions)	Antworten auf häufig gestellte Fragen

NEWSGRUPPEN

WAS SIND NEWSGRUPPEN?

Einer meiner Freunde, der Benjamin, hat mir erzählt, dass es irgendwo im Internet Gruppen gibt, bei denen es Informationen zu jedem denkbaren Thema gibt.

Ja, hab' ich auch schon gehört. Da gibt's sogar eine Gruppe, die sich nur mit Ponys beschäftigt.

Ach, du und deine Pferde!
Mich interessiert vielmehr, ob es da auch Informationen zu Computerspielen gibt.

Was ihr meint, sind die so genannten Newsgruppen oder auf Englisch Newsgroups (sprich »Njuhsgruppen« oder »Njuhsgruhps«). Eine Newsgruppe könnt ihr euch vorstellen wie ein schwarzes Brett in der Schule. Jeder kann in einer Newsgruppe eine Nachricht oder eine Frage abschicken und alle anderen können die dann lesen.

Newsgruppen funktionieren wie ein »schwarzes Brett«

Ich habe gehört, man kann da auch Fragen stellen, und andere Teilnehmer helfen einem, wenn man mit irgendeiner Sache nicht weiter kommt?

Stimmt genau. Jede Newsgruppe hat ein spezielles Thema. Wenn man eine Frage zu diesem Thema hat, kann man an die Newsgruppe eine Nachricht schicken. Wenn jemand diese Nachricht liest und eine Antwort auf die Frage weiß, schickt er vielleicht eine Antwort.

So funktionieren Newsgruppen

Eine Newsgruppe ist sozusagen ein »schwarzes Brett« im Internet. Jeder, der an der Newsgruppe teilnimmt, kann hier eine Nachricht oder eine Frage anheften. Alle anderen können die Mitteilungen lesen und vielleicht eine Antwort dazu schreiben.

Jede Newsgruppe hat ein bestimmtes Thema. Du darfst also auch nur solche Nachrichten an die Newsgruppe schicken, die auch zum Thema gehören. Bei Nachrichten, die nichts mit dem Thema der Gruppe zu tun haben, reagieren die anderen Teilnehmer manchmal ganz schön sauer. Deshalb solltest du am Anfang erst einmal nur Nachrichten lesen, damit du siehst, worüber in einer Gruppe diskutiert wird.

Generell gelten in Newsgruppen die gleichen Regeln wie auch beim Chatten. Vor allem darfst du niemals deine Adresse oder Telefonnummer in einer Nachricht veröffentlichen.

Wenn es zu fast jedem Thema eine Newsgruppe gibt, dann müssen das ja ein paar hundert sein!

Tatsächlich sind es sogar noch viel mehr. Man schätzt, dass es weltweit ungefähr 50 000 bis 60 000 Newsgruppen gibt.

Wahnsinn! Die möchte ich mir gerne mal anschauen. Zeigst du uns, wie das geht?

Roboter-Ehrensache! Ihr werdet euch wundern, denn wir benötigen dazu nur ein Programm, mit dem wir aber schon gearbeitet haben.

Wie kann man eine Newsgruppe abonnieren?

1 Zuerst startest du wieder das Programm Outlook Express.

Aber dieses Programm benutzt man doch, um E-Mails zu verschicken und zu empfangen!

Richtig. Aber das ist nur eine Funktion von Outlook Express. Das Programm ist auch ein News-Client (sprich: »njuhs-kleient«).

Was ist eigentlich ...
... ein News-Client?

Als News-Clients bezeichnet man Programme, die in der Lage sind, Nachrichten aus Newsgruppen zu empfangen und Nachrichten zu Newsgruppen zu senden. Auch in diesem Fall ist der Client der Kunde und der News-Server der Anbieter, der die Newsgruppen zur Verfügung stellt. Der am weitesten verbreitete News-Client ist Outlook Express oder der große Bruder Outlook. Es gibt aber auch auch andere News-Clients, die häufig auch als News-Reader (Nachrichten-Leser) bezeichnet werden.

2 Im Startbildschirm von Outlook Express seht ihr, dass es verschiedene Möglichkeiten gibt, den News-Client zu starten. Hier kann man zum Beispiel ein neues News-Konto bei Outlook Express anlegen, was man auch durchführen muss, wenn man zum ersten Mal eine Newsgruppe abonnieren will.

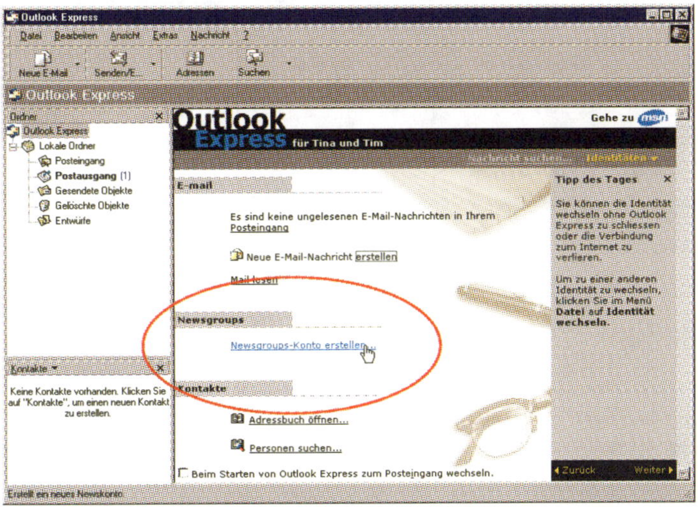

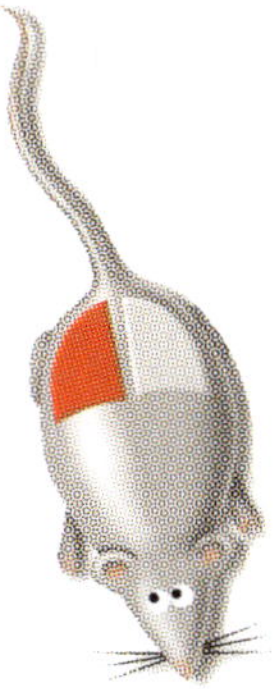

3 Das Anlegen eine News-Kontos funktioniert so ähnlich wie das Anlegen eines E-Mail-Kontos in Outlook Express. Ein Assistent ist bei der Einrichtung behilflich. Du musst in die einzelnen Dialogfenster nur die entsprechenden Einträge eintippen.
Die erste Frage bezieht sich auf den Benutzernamen.

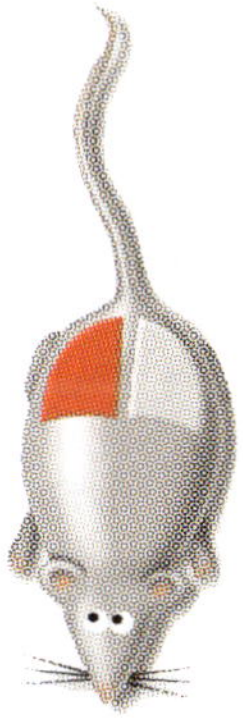

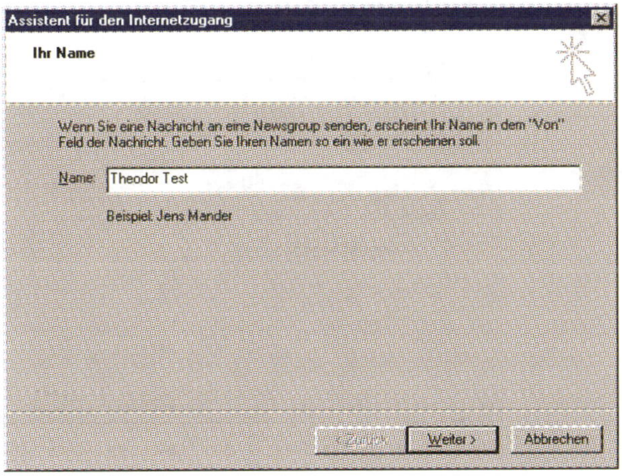

Der Benutzername ist der Name des neuen News-Kontos. Dieser Name erscheint später auch als Absender, wenn du einmal selbst eine Nachricht zu einer Newsgruppe schicken willst.

4

Nach einem Klick auf Weiter wird nach deiner E-Mail-Adresse gefragt. Auch hier klickst du auf Weiter, wenn du deine Mail-Adresse eingegeben hast.

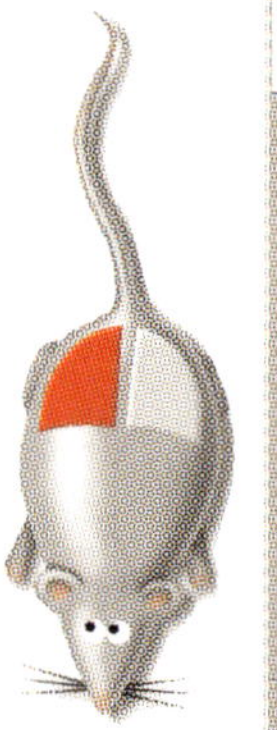

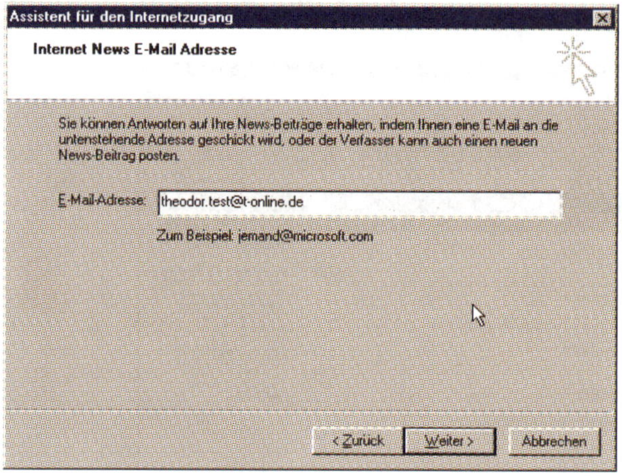

###inter-

net\\news
start 3.tif###

Nach dem Benutzernamen musst du deine E-Mail-Adresse eingeben.

5

Es folgt die Adresse des News-Servers, der zu deinem Internet-Provider gehört. Achtung: Diese Adresse ist bei jedem Provider unterschiedlich! Mit Weiter geht es zum nächsten Bildschirm.

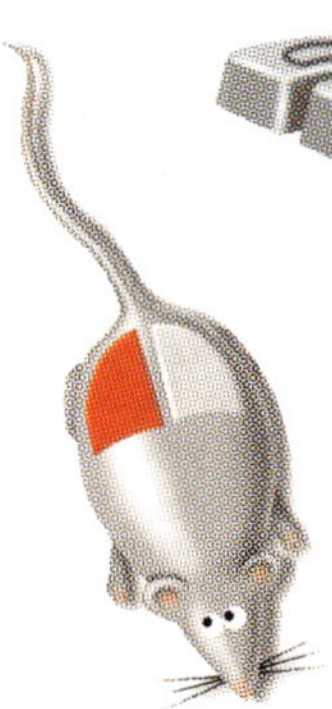

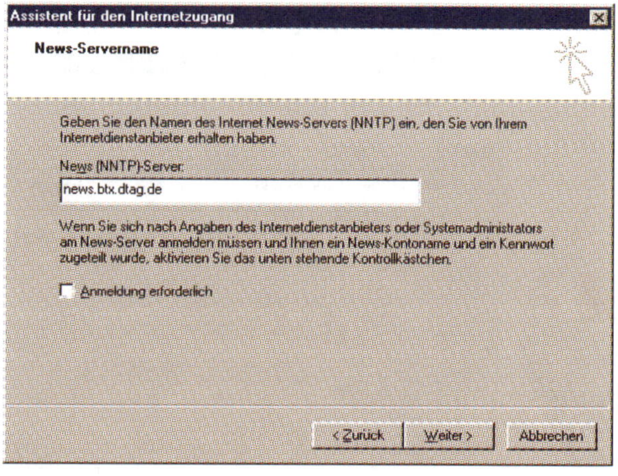

Hier wird die Adresse des News-Servers eingetragen.

Weltweit gibt es viele tausende von News-Servern, die alle meist nur einen Teil der zigtausend Newsgruppen zur Verfügung stellen. Die meisten dieser News-Server sind nicht öffentlich. Das heißt, du benötigst ein spezielles Zugangspasswort, um die News auf diesen Servern lesen zu können. Deshalb solltest du den News-Server benutzen, der zu deinem Internet-Provider gehört. Auf diesen Server kannst du mit deinem normalen Internet-Zugangspasswort zugreifen. Im Fall von T-Online hat der News-Server zum Beispiel die Adresse **news.btx.dtag.de**

6 Das war's. Nur noch ein Klick auf `Fertig stellen` und es kann richtig losgehen mit den News!

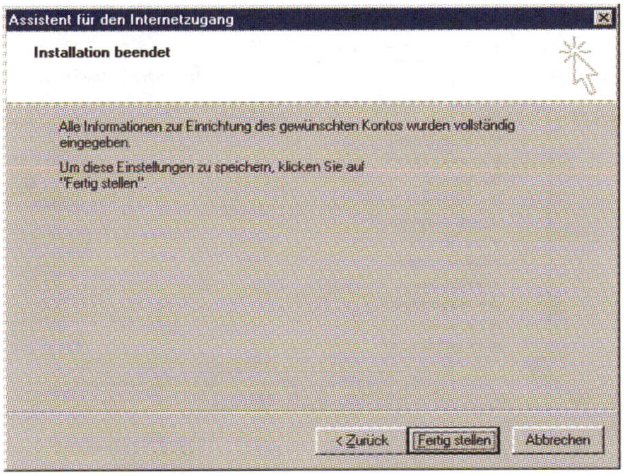

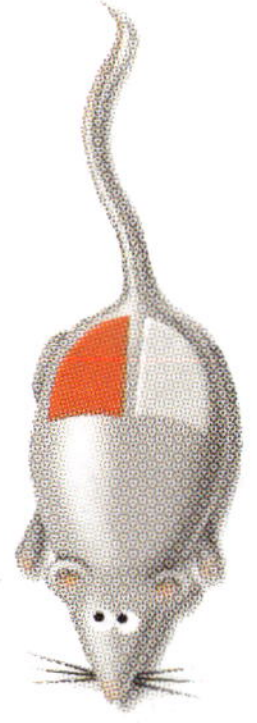

Fertig! Das News-Konto ist eingerichtet.

7 Outlook Express fragt nun, ob du eine Liste der verfügbaren Newsgruppen von dem Server herunterladen willst. Das solltest du auf jeden Fall tun, weil du nur so sehen kannst, welche Newsgruppen auf diesem Server verfügbar sind.

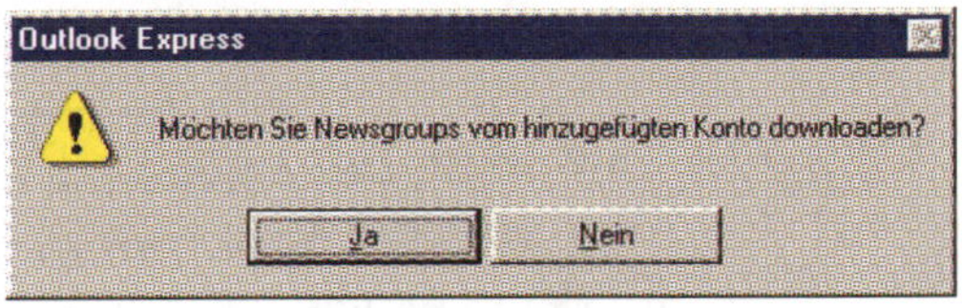

Diese Frage solltest du mit `Ja` beantworten.

Das Herunterladen der Newsgruppen kann schon ein paar Minuten dauern, denn es sind schließlich ganz schön viele!

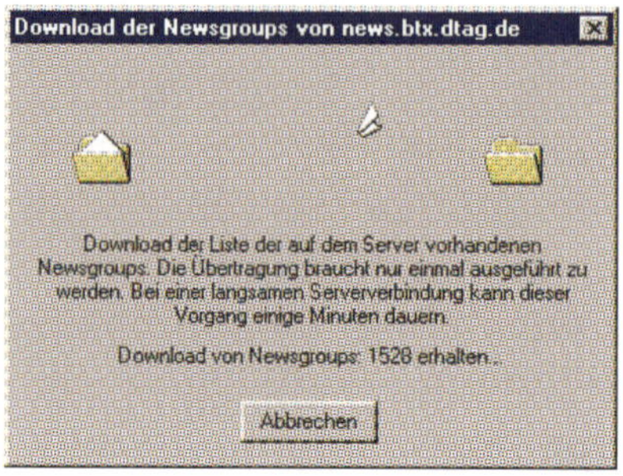

Die Liste mit den verfügbaren Newsgruppen wird heruntergeladen.

8 Um Nachrichten aus Newsgruppen lesen zu können, muss man sie zuerst abonnieren. Dabei wird eine Liste der verfügbaren Newsgruppen geladen. Aus dieser superlangen Liste kannst du jetzt eine oder mehrere Einträge auswählen, die du abonnieren möchtest.

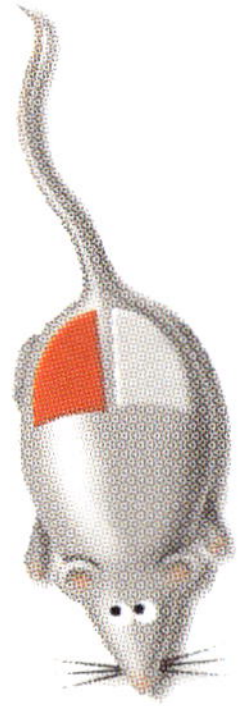

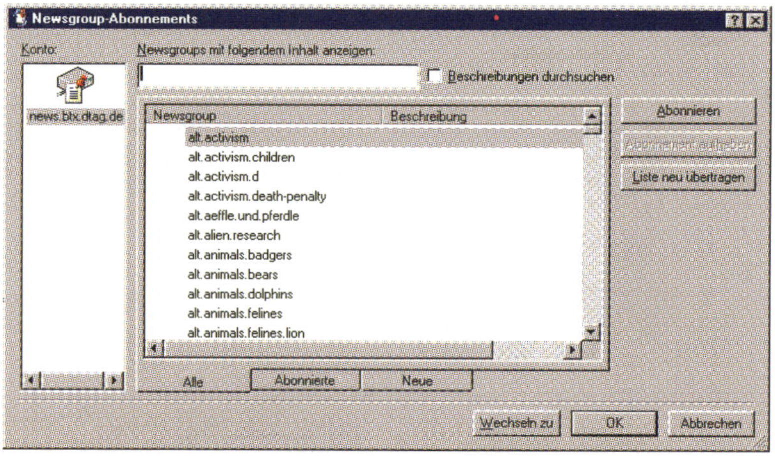

Was bedeutet eigentlich ...
... eine Newsgruppe abonnieren?

Also erst mal keine Angst. Das Abonnieren von Newsgruppen hat nichts mit dem Abonnieren von Zeitschriften oder Ähnlichem zu tun.
Abonnieren bedeutet in diesem Fall nur, dass du festlegst, welche Newsgruppen du regelmäßig lesen möchtest. Wenn eine Newsgruppe abonniert ist, werden Nachrichten aus dieser Gruppe auf deinem Computer gespeichert. Außerdem kannst du abonnierte Gruppen ganz leicht aktualisieren. Das heißt, du kannst schnell nachschauen, ob neue Nachrichten aus dieser Gruppe dazugekommen sind.

Alle Newsgruppen sind in verschiedene Themenbereiche oder Kategorien eingeteilt. Schon an den ersten Buchstaben kannst du erkennen, um welche Kategorie es sich bei einer Newsgruppe handelt. Meistens ist es so, dass ganz am Anfang die Obergruppe steht, danach eine Untergruppe und zum Schluss das ganz genaue Thema der Gruppe.

alt
Alternative Newsgruppen. Unter dieser Kategorie findest du ein Sammelsurium an zum Teil völlig unterschiedlichen Themen.

bionet
Newsgruppen zum Thema Biologie oder Biochemie

comp
Newsgruppen rund um Computerthemen

misc
Newsgruppen zu ganz unterschiedlichen Themen

news
Newsgruppen, die sich mit Newsgruppen selbst befassen. Hier kannst du lernen, wie man eine eigene Newsgruppe einrichtet.

rec
Recreation bedeutet Erholung. Hier findest du Newsgruppen zu allen möglichen Freizeitthemen.

soc
Soziale und gesellschaftliche Themen

de
Deutsche Newsgruppen

Natürlich gibt es noch viel mehr Oberthemen. Insbesondere gibt es für fast jedes Land eine besondere Gruppe.

9 Nachdem du eine (oder mehrere) Newsgruppe(n) ausgewählt hast, klickst du einfach auf die Schaltfläche [Abonnieren].

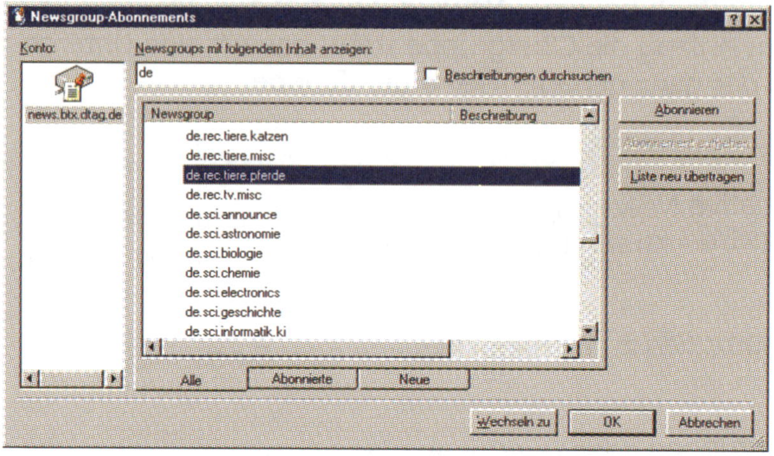

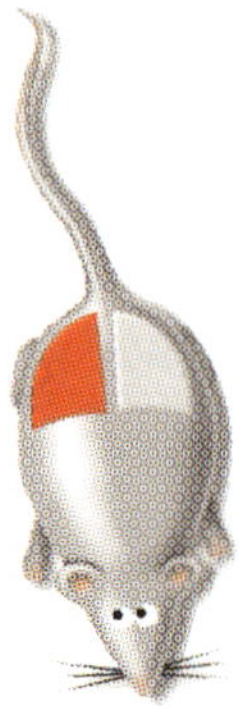

Wenn du eine Newsgruppe gefunden hast, die dich interessiert: Einfach markieren und auf [Abonnieren] klicken.

Wenn du zum ersten Mal eine Newsgruppe abonnieren möchtest, müssen zuerst alle Newsgruppen, die der News-Server deines Internet-Providers zur Verfügung stellt, heruntergeladen werden. Je nachdem wie viele Newsgruppen auf dem Server deines Providers zur Verfügung stehen, kann das eine ganze Weile dauern!

Bei so vielen Newsgruppen kommt es natürlich ab und zu vor, dass eine Gruppe aufgelöst wird oder auch, dass neue Gruppen dazu kommen. Damit deine Newsgruppen-Liste immer aktuell ist, solltest du ungefähr einmal pro Woche auf die Schaltfläche [Liste neu übertragen] klicken. Dann wird deine Newsgruppen-Liste jedes Mal wieder auf den neuesten Stand gebracht.

So kann man eine Nachricht in einer Newsgruppe lesen

Um Nachrichten in abonnierten Newsgruppen lesen zu können, geht man folgendermaßen vor:

1 Zuerst wählst du eine Newsgruppe aus der Liste am linken Bildschirmrand. In unserem Beispiel ist es die Newsgruppe
`de.rec.tiere.pferde`
Sofort werden rechts im oberen Bereich des Fensters die aktuellen Nachrichten aus dieser Newsgruppe angezeigt.

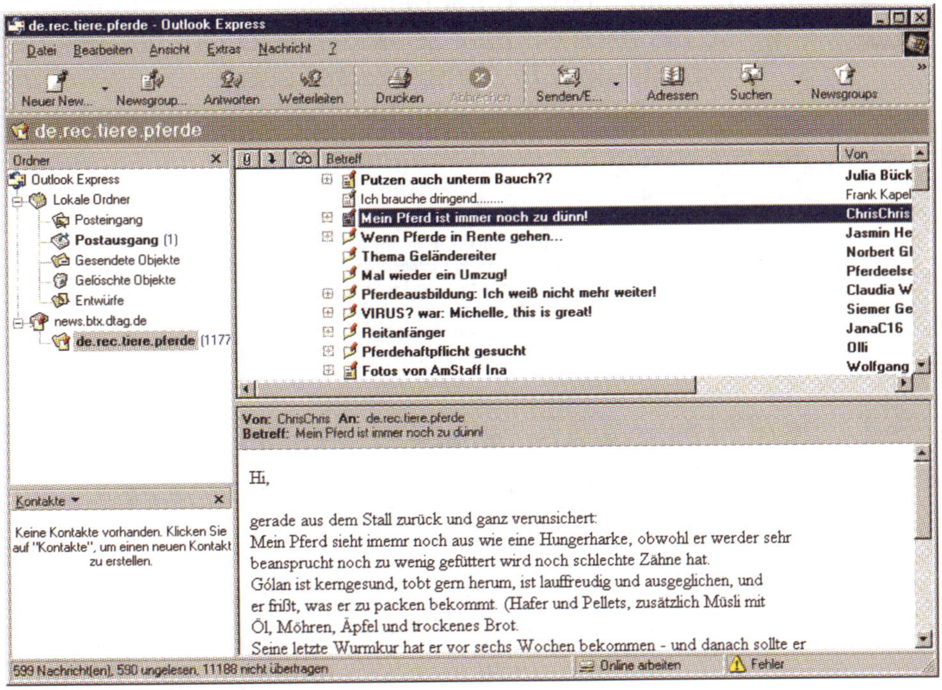

Der arme ChrisChris – sein Pferd ist viel zu dünn!

Die unterschiedlichen Anzeigen haben folgende Bedeutung:

- Von dieser Nachricht wurde nur die Betreffzeile geladen. Der Rest wird geladen, wenn die Nachricht gelesen wird.
- Diese Nachricht wurde vollständig geladen, du kannst sie also auch lesen, wenn keine Online-Verbindung mehr besteht.
- Diese Nachricht wurde bereits gelesen.
- Zu dieser Nachricht sind schon eine oder mehrere Antworten eingetroffen.

2

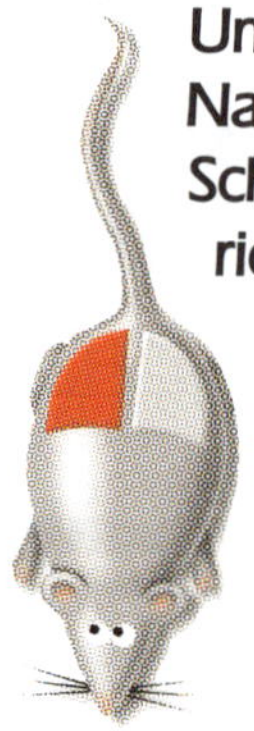

Um eine Nachricht zu lesen, klickst du die gewünschte Nachricht einfach mit der Maus an.
Schon nach ein paar Sekunden erscheint der Text der Nachricht in dem Textfenster rechts unten.

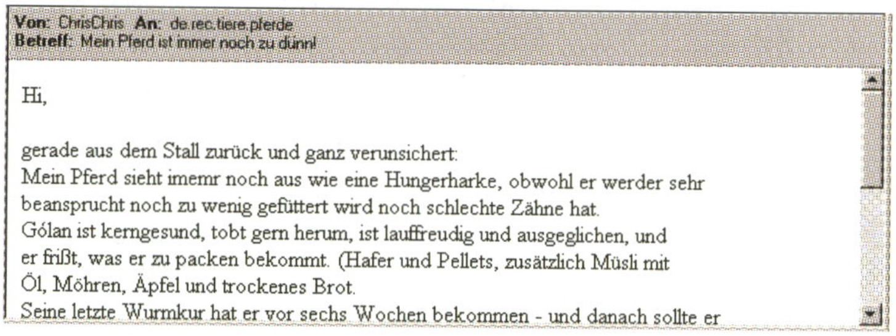

Von: ChrisChris An: de.rec.tiere.pferde
Betreff: Mein Pferd ist immer noch zu dünn!

Hi,

gerade aus dem Stall zurück und ganz verunsichert:
Mein Pferd sieht imemr noch aus wie eine Hungerharke, obwohl er werder sehr beansprucht noch zu wenig gefüttert wird noch schlechte Zähne hat.
Gólan ist kerngesund, tobt gern herum, ist lauffreudig und ausgeglichen, und er frißt, was er zu packen bekommt. (Hafer und Pellets, zusätzlich Müsli mit Öl, Möhren, Äpfel und trockenes Brot.
Seine letzte Wurmkur hat er vor sechs Wochen bekommen - und danach sollte er

So kann man eine Newsgruppen-Nachricht beantworten

Mein Pony hatte mal ein ähnliches Problem!
Da hat unser Tierarzt ihm eine spezielle Futterkur verschrieben.
Vielleicht hilft das ja auch bei diesem Pferd!
Was muss man denn machen, wenn man eine Antwort weiß
und auf eine Nachricht in einer Newsgruppe antworten will?

Das ist ganz einfach.
Siehst du die Schaltfläche Antworten oben links?

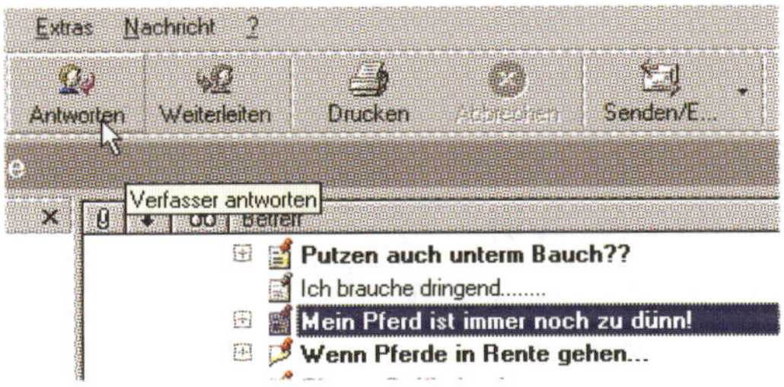

Die Schaltfläche zum Beantworten einer Nachricht aus einer Newsgruppe.

Die musst du einfach nur anklicken, dann öffnet sich automatisch das E-Mail-Fenster. Die richtige Adresse ist dann schon eingetragen. Du musst nur noch deine Antwort schreiben und sie abschicken.

So kann man eine neue Nachricht an eine Newsgruppe schicken

Und wie kann man eine neue Nachricht an die Newsgruppe schicken?

Das geht genauso einfach wie das Beantworten. Ein Klick auf die Schaltfläche Neue Nachricht, und schon öffnet sich das Nachrichtenfenster, in das du deine Nachricht eintragen kannst.

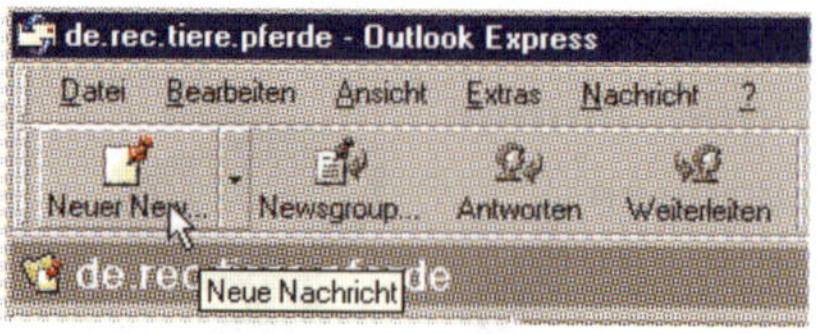

Mit einem Klick auf diese Schaltfläche bereitest du das Absenden einer neuen Nachricht an die Newsgruppe vor.

Jetzt kannst du deinen Text in das große Textfeld schreiben und musst nur noch auf Senden klicken.

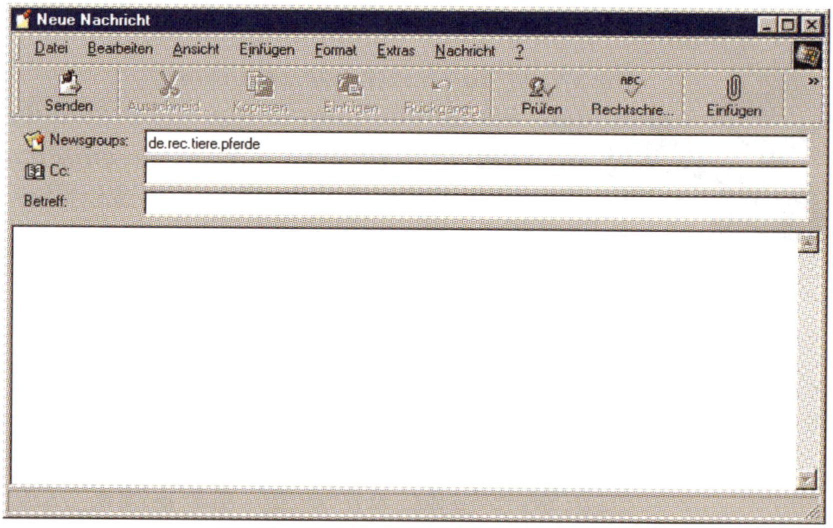

Genau wie im E-Mail-Fenster: Betreff angeben, Nachricht schreiben und abschicken ...

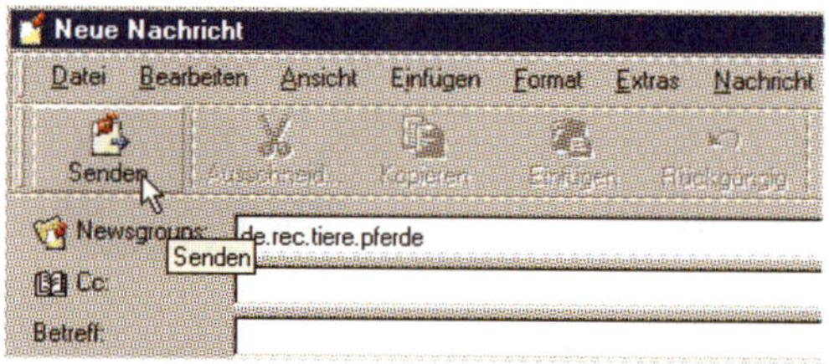

Ein Klick auf Senden, und die Nachricht erscheint in der Newsgruppe.

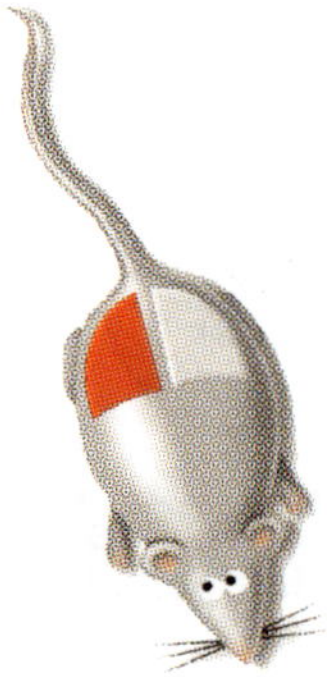

Diese News-Fachbegriffe solltest du kennen

Beim Kontakt mit Newsgruppen tauchen häufig einige Fachbegriffe auf, die du kennen solltest:

Abonnieren
Man abonniert eine Newsgruppe, indem man sein News-Programm so einstellt, dass die neuen Artikel dieser Newsgruppe immer automatisch angezeigt werden. Man muss aber hierbei kein Abonnement wie bei einer Zeitschrift unterschreiben.

Artikel
Ein Artikel ist ein Beitrag in einer Newsgruppe.

Body
(sprich »boddi«). Der eigentliche Text eines Artikels.

Charta
(sprich »karta«). In der Charta eine Newsgruppe steht, womit sich diese Gruppe thematisch beschäftigt.

Header
(sprich »hädder«). Technische Informationen am Anfang eines Artikels, in denen zum Beispiel steht, von welchem Server dieser Artikel abgeschickt wurde. Der Header wird normalerweise nicht im News-Fenster angezeigt.

Netiquette
(sprich »nettikett«). Die Verhaltensregeln im Internet gelten natürlich auch in Newsgruppen.

Subject
(sprich »sapdjekt«). Das Thema eines Artikels bzw. die Betreffzeile.

Was sollte man auf keinen Fall im Internet tun?

So langsam nähern wir uns dem Ende des Buches, und da lässt es sich leider nicht ganz vermeiden, auch ein paar ernste Dinge anzusprechen. Insbesondere solche, die man im Internet auf keinen Fall tun sollte.

Wieso? Gibt es im Internet Verbote?

Ich habe gehört, im Internet darf jeder alles machen, was er will.

Das ist nicht ganz richtig! Auch im Internet muss sich jeder an Gesetze und Vorschriften halten. Es ist nur manchmal sehr schwierig, diejenigen zu erwischen, die im Internet Straftaten begehen.

Ach, so was machen
wir doch sowieso nicht.

Das ist mir doch klar!
Trotzdem gibt es im Internet
eine Menge Dinge, die man leicht
falsch machen kann, und die unter
Umständen sehr viel Ärger bereiten können.

Haltet euch immer an folgende Regeln:

1 Keine persönlichen Informationen preisgeben!

Ihr habt ja schon gehört, dass ihr insbesondere mit eurem Namen, eurer Adresse und anderen persönlichen Daten sehr vorsichtig umgehen müsst. Deshalb noch einmal ganz deutlich:
Niemals persönliche Daten oder Informationen angeben! Das gilt vor allem beim Chatten und in Newsgruppen. Auch auf Web-Seiten, die euch auffordern, Namen und Adressen anzugeben, solltet ihr immer zuerst eure Eltern fragen.

2 Raubkopien

Auf keinen Fall dürft ihr Raubkopien aus dem Internet laden oder selbst welche weitergeben. Auch im Internet gilt, dass man ein Programm oder eine Musik-CD nicht einfach kopieren und weitergeben darf. Nicht nur, wer selbst Raubkopien herstellt, sondern auch der, der sie besitzt, macht sich strafbar.

3 Sex- und Schmuddelseiten

Auch wenn ihr immer wieder von Freunden hört, wie cool es ist, im Internet Sexseiten für Erwachsene zu besuchen, kann ich euch verraten, dass da überhaupt nichts Cooles dran ist. Abgesehen davon, dass solche Seiten für Kinder verboten sind, solltet ihr auch so schlau sein, eure Eltern nicht zu hintergehen, indem ihr euch Dinge anschaut, die sie bestimmt nicht erlauben würden.
Klar, Eltern müssen nicht immer alles wissen, aber denkt mal dran, wie viel Vertrauen eure Eltern euch schenken, wenn sie euch alleine surfen lassen!

4 Computerviren

Weil einfach jeder alles Mögliche ins Internet stellen kann, kann es immer wieder vorkommen, dass bestimmte Programme zum Herunterladen oder auch Dateien, die als Anhang mit einer E-Mail zu euch kommen, von einem Computervirus infiziert sind. Das bedeutet, dass schon das einmalige Starten eines solchen Programms oder auch nur das Öffnen eines E-Mail-Anhangs dazu führen kann, dass euer Computer nicht mehr funktioniert und vielleicht sogar alle Programme und Daten gelöscht werden. Ladet deshalb nur Programme von den großen Shareware-Servern herunter und öffnet grundsätzlich nie einen E-Mail-Anhang, wenn ihr keine Ahnung habt, was da wohl drin stecken könnte!

Computerviren können alle Daten auf deinem PC zerstören!

5 Es ist nicht alles Gold, was glänzt!

Im Internet gibt es niemanden, der überprüft, ob die Informationen, Bilder oder andere Dinge, die auf irgendeiner Web-Seite zu sehen sind, auch echt sind.
Im Klartext heißt das: Man darf einfach nicht alles glauben, was im Internet zu sehen, zu hören oder zu lesen ist.
Seid deshalb immer vorsichtig mit Informationen, die ihr weiterverwenden wollt, zum Beispiel für eure Hausaufgaben oder für ein Referat. Wenn ihr unsicher seid, ob irgendetwas vielleicht nicht stimmt, fragt lieber noch mal jemanden, der oder die sich damit auskennt.

6 Immer cool bleiben!

Auch wenn es in manchem Chat-Room heiß hergeht oder in einer Mailing-Liste oder Newsgruppe jemand eine Meinung vertritt, die völlig daneben ist, heißt es: Immer schön cool bleiben. Also: Nicht aufregen, nicht unsachlich oder LAUT werden! Und noch etwas: In gar keinem Fall darf man im Internet Informationen über jemanden verbreiten, den man nicht leiden kann oder dem man gerne mal eins auswischen würde.

So schützt du deinen Computer vor Computerviren

Robbi, du hast ja schon ein paarmal gesagt, dass man im Internet gut aufpassen muss, damit man seinen Computer nicht mit Viren ansteckt. Wie kann man sich denn dagegen schützen?

Dazu gibt es spezielle Programme, so genannte Virenschutzprogramme oder Virenscanner. Diese Programme können die Festplatte deines Computers untersuchen und gefährliche Viren entdecken und entfernen.

Virenscanner können deinen Computer vor Viren schützen.

Ich habe unten einige Namen von bekannten Virenschutzprogrammen aufgeschrieben. Von einigen kannst du kostenlose oder Demo-Versionen auf Freeware- oder Shareware-Servern finden.

Was ist eigentlich …
… ein Virenscanner?

Virenscanner nennt man Programme, die die gesamte Festplatte des Computers und darüber hinaus auch noch den Arbeitsspeicher nach bekannten Computerviren durchsuchen können. Den Suchvorgang nennt man »scannen« (sprich: »skännen«).
Virenscanner gibt es von vielen verschiedenen Anbietern. Für den privaten Einsatz sind viele von ihnen völlig kostenlos zu haben.
Wichtig ist bei einem Virenscanner, dass er immer mit den aktuellsten Informationen über bekannte Viren versorgt wird. Dazu gibt es für die meisten Virenscanner alle paar Wochen eine aktuelle Virentabelle, die du auch unbedingt regelmäßig installieren solltest.

Virenschutzprogramme

Norton Antivirus
F-Secure Antivirus
Antivir
Innoculate

Interessante Seiten für Kinder im Internet

Im Internet gibt es eine Menge Seiten, die sich mit Themen beschäftigen, die vor allem für Kinder und Jugendliche interessant sind. Dabei gibt es solche, die du für die Schule brauchen kannst und andere, die sich mit Freizeitthemen wie Sport, Musik oder Chatten beschäftigen.
Auf den folgenden Seiten habe ich eine ganze Reihe von interessanten Adressen für dich rausgesucht.

Seiten, die sich mit Schulthemen beschäftigen

Viele Seiten im Internet beschäftigen sich mit Themen rund um die Schule. Angefangen mit Hilfen zu Hausaufgaben oder Referaten bis hin zu Lernseiten oder Chats und Newsgruppen zum Thema Schule ist (fast) alles zu finden.

Manche Seiten bieten auch Informationen über einzelne Schulen, die eigenen Seiten im Internet anbieten. Vielleicht bekommst du ja ein paar gute Ideen und machst demnächst selbst bei einem Internet-Projekt in deiner Schule mit?!

Hilfe bei Problemen in der Schule
https://www.internet-notruf-deutschland.de/HomeD/index.html

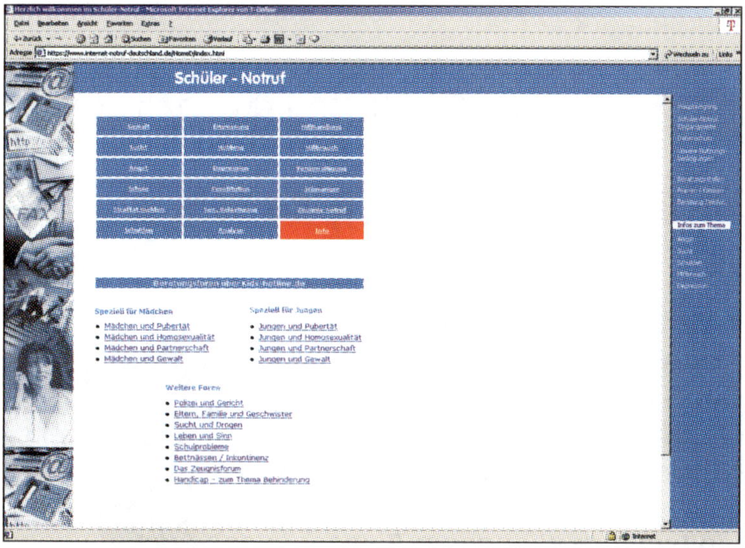

Für den Deutschunterricht

http://www.al.lu/deutsch

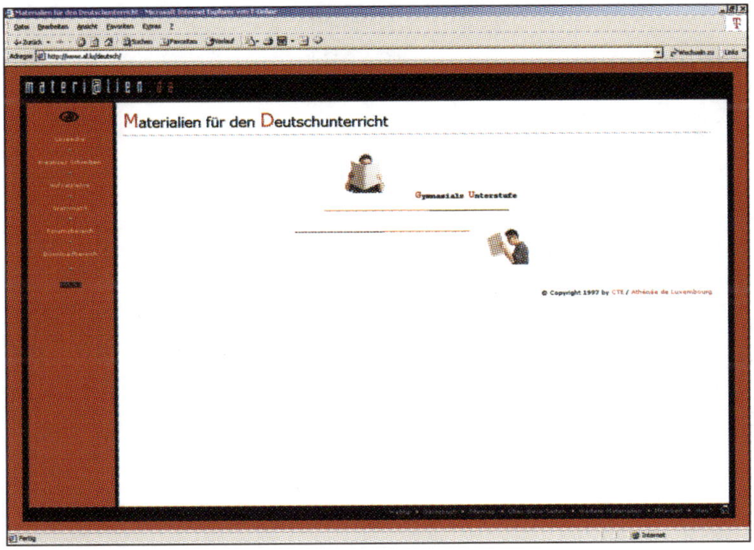

Hausaufgabenhilfe

http://www.hausaufgaben.de

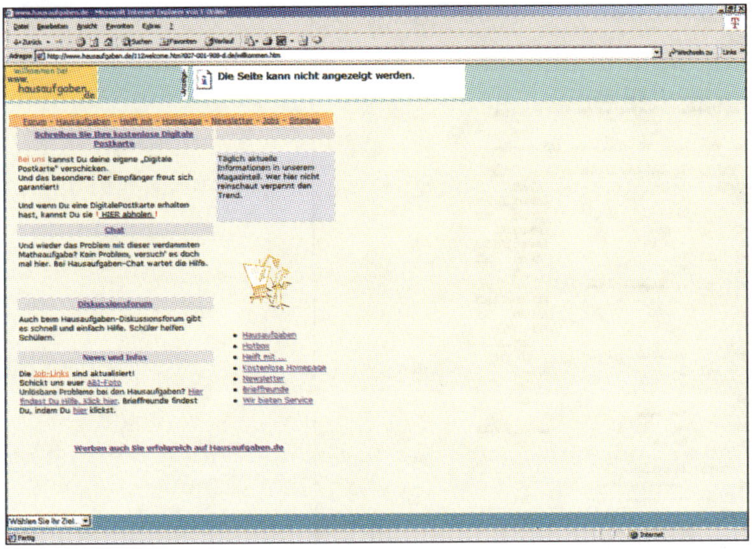

Die besten Ausreden für die Schule

http://www.young.de/schule/ausreden.php3?sessionid=guest

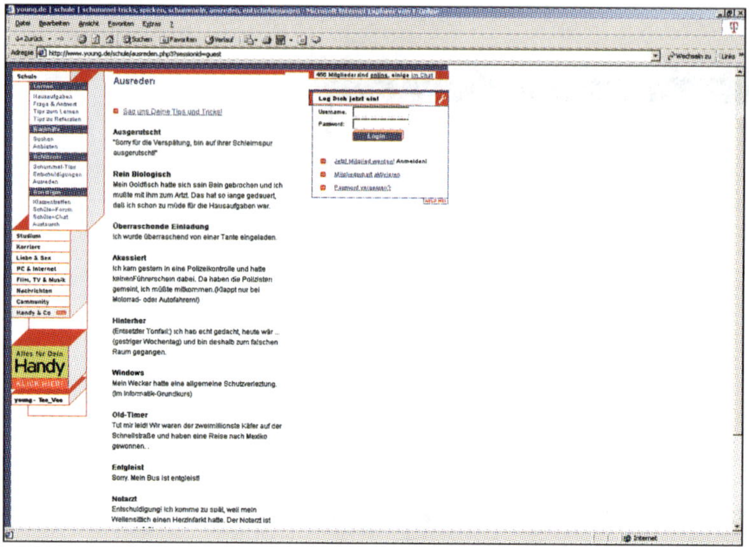

Links und Materialien zu Schulfächern

http://www.zum.de/tabelle.html

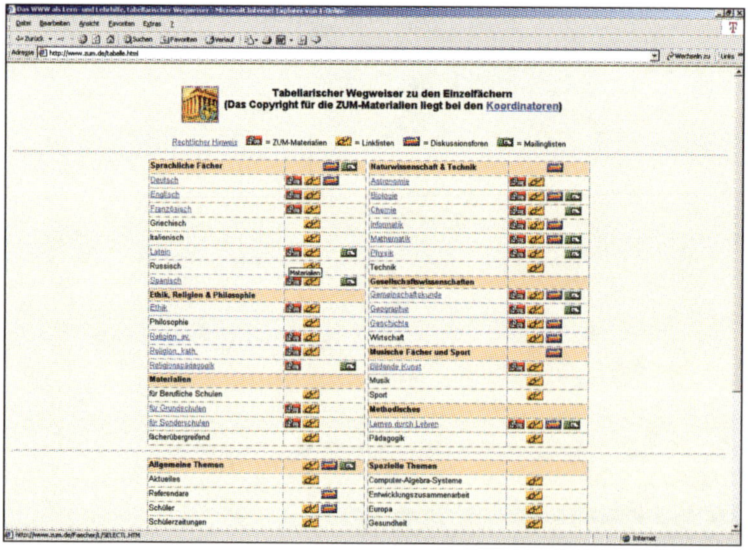

Im Internet darf jeder alles schreiben, was er oder sie will. Niemand überprüft, ob das, was auf einer Web-Seite geschrieben steht, auch tatsächlich stimmt. Das ist anders als zum Beispiel bei deinen Schulbüchern, die alle vom Kultusministerium und von deinen Lehrern auf Fehler überprüft werden.
Du kannst dich also im Internet nicht immer 100%-ig darauf verlassen, dass alles genauso stimmt, was du liest oder hörst. Wenn du dir nicht sicher bist, ob eine Information wahr oder falsch ist, solltest du in jedem Fall noch einmal in einem Buch nachlesen oder deine Eltern oder Lehrer fragen.
Vergiss' nicht: Du darfst die Informationen aus dem Internet zwar benutzen, um zum Beispiel deine Hausaufgaben besser hinzukriegen, allerdings darfst du auf keinen Fall die Arbeit anderer als deine eigene darstellen. Einen Aufsatz oder ein Referat, das du im Internet findest, darfst du also auf keinen Fall als eigene Arbeit abgeben oder einfach abschreiben!

Seiten für die Freizeit

Emil Grünbar im Internet
http://www.emil-gruenbaer.de/klub/spiele/auswahl.htm

Spielideen

http://www.labbe.de/magazin/index.htm

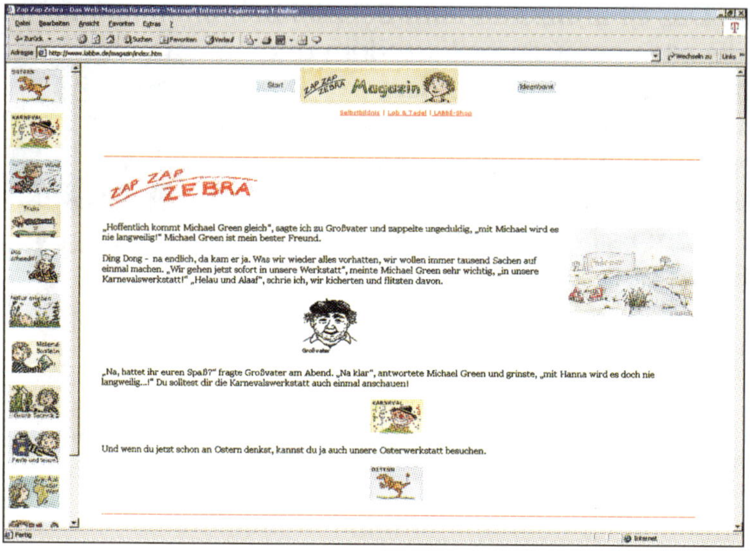

Für Pferdefreunde

http://www.ravensburger.de/quco/qcs1demo/welcome.asp

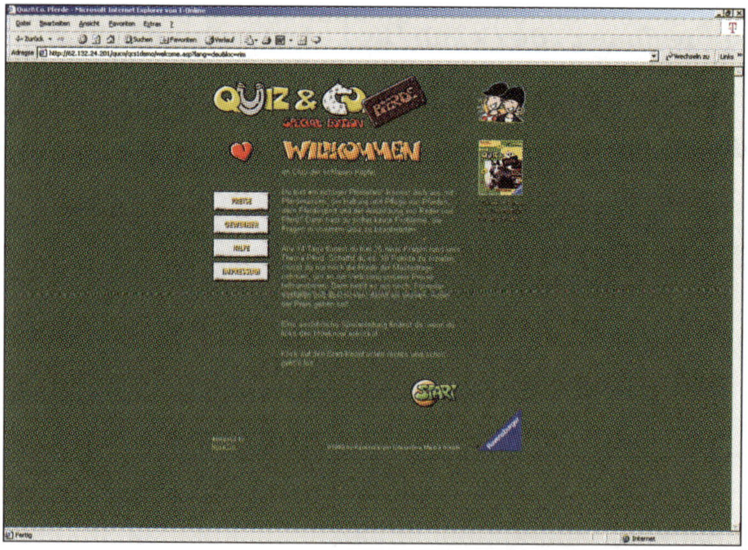

Der Detektiv Club

http://www.detektiv-klub.de

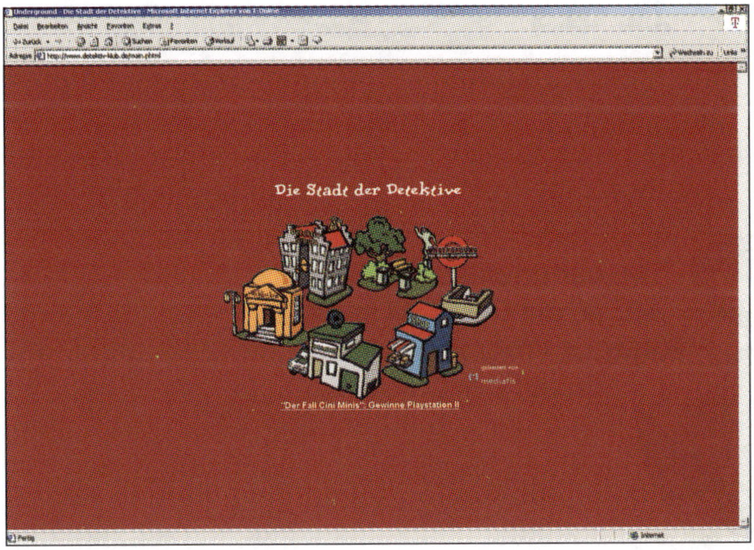

Asterix-Quiz

http://www.comedix.de/quiz

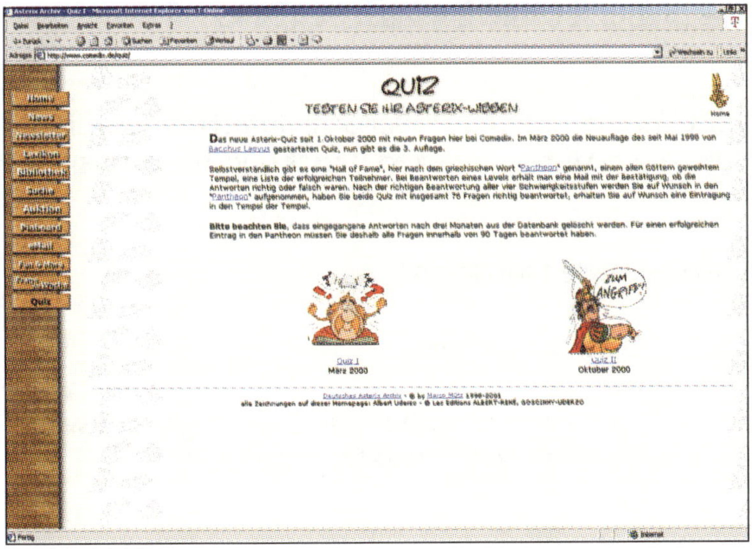

Die CD

Da war doch noch was!
Ach ja, die CD-ROM im Buch.
Folgende Programme findest
du auf der CD-ROM.

PC-Tastaturtraining

Das ist ein Programm zum Erlernen der 10-Finger-Schreibtechnik. Damit du nicht immer mit dem Adler-Such-System arbeiten musst und blitzschnell tippen lernst.

Das Programm wird folgendermaßen installiert:

Wechsle im Explorer auf die CD in den Ordner `PC-Tastaturtraining`.

Starte die Datei `Setup.exe` mit einem Doppelklick. Das Programm wird installiert. Du kannst es dann, nach erfolgter Installation, durch `Start` / `Programme` / `Softart-Lernprogramme` / `PC-Tastaturtraining` aufrufen.

Mausübungsspiele

Dies sind ein paar Spiele, mit denen du den Umgang mit der Computermaus trainieren kannst. Bei verschiedenen Spielen auf dem Jahrmarkt lernst du ganz einfach Drag & Drop, Doppelklick und Klick. Auch die rechte Maustaste kommt nicht zu kurz.

Wechsle mit dem Windows-Explorer auf das CD-Laufwerk und klicke den Ordner `MMSpiel` an. Starte die Installation durch Doppelklick auf `MMSpiel.exe`. Die Installation läuft automatisch. Du kannst die Mausübungsspiele dann über das Start-Menü aufrufen.

Der Flipper

Das ist ein ganz schön kniffliger Flipper! Du kannst alleine oder mit Freunden flippern. Mal sehen, wer gewinnt!
Wechsle einfach mit dem Windows-Explorer in den Ordner `Flipper` und mach' einen Doppelklick auf `bora flp.exe` an. Die Installation verläuft automatisch. Wenn das Programm fertig installiert ist, kannst du es im Start-Menü aufrufen.

Der Microsoft Internet Explorer

Wie du im Verlauf des Buches gelernt hast, ist das ein Browser, der es dir ermöglicht, im Internet zu surfen. Auf der CD befindet er sich im Ordner `IExplorer`. Wahrscheinlich ist der Internet Explorer schon auf deinem Rechner installiert! Wenn du dir unsicher bist, dann hole dir deine Eltern zur Installation dazu!

Der T-Online-Zugang

Für den Fall, dass du noch keinen Zugang zum Internet hast, haben wir im Ordner `T-Online` die Software für den Zugang zu T-Online auf der CD gespeichert. Vor dieser Installation musst du aber auf jeden Fall erst mit deinen Eltern sprechen!

Wir wünschen dir noch viel Spaß mit den Programmen und ...

... bis bald!

Allgemeine Hinweise für Eltern

Sie haben sich entschlossen, Ihrem Kind die vielfältige Welt der Computer näher zu bringen. Damit haben Sie bereits einen wichtigen Schritt für die Zukunft Ihres Kindes getan. Denn PC- und Internet-Kenntnisse sind heute in Schule und Beruf unverzichtbar. Alles, was Ihr Kind heute am PC lernt, wird es in der Schule oder später im Beruf sinnvoll anwenden können. Bedingt durch die Vereinheitlichung der PC-Bedienung unterschiedlichster Programme kann jedes neu erworbene Wissen auch auf anderen Bereiche der PC-Arbeit übertragen werden. Im Folgenden erhalten Sie einige Hinweise, wie Sie gemeinsam mit Ihrem Kind dieses Buch besonders sinnvoll benutzen können.

Ist das Internet gefährlich?

Das Internet bietet leider nicht nur die oft angepriesenen coolen Sites, auf denen Kinder ihre Kreativität ausleben können und gleichzeitig auch noch fit gemacht werden für die (technischen) Anforderungen in der Schule und später im Beruf.

Allzu oft stoßen auch Kinder auf Seiten, deren Inhalte alles andere als kindgemäß und in vielen Fällen sogar für Kinder denkbar ungeeignet sind.

Dazu kommen Gefahren aus Chat-Räumen und Newsgruppen, bei denen oft unklar bleibt, mit wem sich Ihre Kinder da eigentlich stundenlang unterhalten.

Natürlich hat die Internet-Industrie auch für diese Probleme sofort eine (kostenpflichtige) Lösung parat. So genannte Filter-Programme sollen die Kinder davor bewahren, die falschen Seiten zu Gesicht zu bekommen.

Leider bieten aber auch solche Programme mit Namen wie »Netnanny« (Netz-Kindermädchen) oder andere nicht immer die gewünschte Sicherheit. Zum einen sind Kinder recht erfinderisch darin, solche Sperren zu umgehen, zum anderen sind die Kinder oftmals ihren eigenen Eltern haushoch überlegen, wenn es um die technische Raffinessen der (Filter)-Software geht.

Uneingeschränkt sinnvoll sind in diesem Zusammenhang nur Funktionen von Programmen, die zum Beispiel generell die Weitergabe von Namen, Telefonnummern oder Adressen ins Internet sperren. Dadurch wird es Kindern zumindest unmöglich gemacht, unfreiwillig zum Ziel von massiver Werbung oder undurchsichtigen Gestalten zu werden.

Die Verantwortung für das, was Kinder im Internet tun und sehen, kann man solchen Programmen aber in keinem Fall komplett überlassen.

Wichtiger und sinnvoller ist es, wenn Sie als Eltern möglichst oft gemeinsam mit Ihren Kindern surfen. Dabei ergeben sich häufig Situationen, in denen die Gefahren und negativen Aspekte besprochen und mit etwas Glück zukünftig vermieden werden können.

Achten Sie darüber hinaus bitte auf Folgendes:
Viele Anbieter bieten so genannte Kinderportale an. Das sind Einstiegsseiten ins Internet, von denen aus Ihr Kind weitere kindgerechte Seiten erreichen kann. Häufig handelt es sich dabei aber um Web-Seiten, die vor allem der Werbung für alle möglichen Artikel dienen. Schauen Sie sich die Portalseiten Ihrer Kinder genau an. Überprüfen Sie, ob tatsächlich Links zu anderen geeigneten Websites vorhanden sind, oder ob Ihr Kind nur auf den eigenen Portalseiten hin- und hergelinkt wird. In diesem Fall sollten Sie gemeinsam mit Ihrem Kind nach einer anderen Startseite suchen.
Ermutigen Sie Ihre Kinder, immer wieder darüber zu sprechen, wenn sie im Internet auf merkwürdige oder verstörende Inhalte oder Personen treffen.

Wenn Ihr Kind eine eigene Web-Seite im Internet betreibt

Achten Sie darauf, dass Ihr Kind dies unter einem Fantasienamen und auf keinen Fall unter seinem wirklichen Namen tut.
Achten Sie darauf, dass nirgendwo auf der Seite Informationen über den Namen, die Adresse oder die Telefonnummer zu finden sind. (Vorsicht: Bestimmte Anbieter von Speicherplatz für Web-Seiten schreiben automatisch Ihre Adresse in den HTML-Code der Seite. Vermeiden Sie solche Angebote!)
Zum Schluss bleibt nur zu sagen, dass es über die oben genannten Minimalsicherheitsmaßnahmen hinaus vor allem an Ihnen liegt, wie Ihr Kind sich im Internet verhält. Dazu gehört auch, Ihren Kindern eine gewisse Freiheit beim Surfen einzuräumen. Sie werden es nie 100%-ig vermeiden können, dass Ihr Kind einmal einen Blick auf eine ungeeignete Web-Seite wirft. Betrachtet man allerdings die »Informationen«, die täglich in Medien wie TV oder Zeitschriften auf die Kinder einprasseln, sollte man solche »Fehltritte« aber auch nicht dramatisieren. Wenn Ihr Kind genügend Selbstsicherheit und Vertrauen

zu Ihnen besitzt, wird es auch seine Internet-Ausflüge unbeschadet überstehen.
Eine sehr ausführliche Diskussion des Themas finden Sie auf der Web-Seite von »Blinde-Kuh.de«.
http://www.blinde-kuh.de/schutz.html
Allgemeinere Aspekte zum Thema Jugendschutz und darüber hinaus viele Links zum Thema finden Sie unter
http://www.iid.de/iukdg/jugendschutz/index.html

Übung macht den Meister

Ohne Training und Übung nützt der beste Unterricht nur wenig. Geben Sie Ihrem Kind aus diesem Grund die Möglichkeit, regelmäßig an einem PC zu üben, zu arbeiten oder auch nur zu spielen. Erst durch das regelmäßige Training wird Ihr Kind zu einem sicheren Computeranwender. Sollten Sie Bedenken haben, Ihr Kind an Ihrem eigenen PC arbeiten zu lassen, sollten Sie die Anschaffung einer Wechselfestplatte in Erwägung ziehen. Dann kann Ihr Kind nach Herzenslust herumexperimentieren, ohne dass Sie um Ihre Daten fürchten müssen.

Gemeinsam geht's besser

Nehmen Sie sich, wann immer es geht, die Zeit, dieses Buch mit Ihrem Kind gemeinsam durchzuarbeiten, oder lassen Sie sich regelmäßig von Ihrem Kind erklären, was es neu gelernt hat. Falls Sie mehrere Kinder haben, versuchen Sie sie dazu zu motivieren, gemeinsam die Übungen am PC durchzuführen oder initiieren Sie einen gemeinsamen Lernnachmittag mit Freunden Ihres Kindes. Auf diese Weise erlernt Ihr Kind leichter und mit mehr Spaß den Umgang mit dem Computer.

Setzen Sie Zeitlimits

Kinder neigen dazu, beim Arbeiten und Spielen mit Computern völlig die Zeit zu vergessen. Da kann es leicht passieren, dass auch ein regenfreier Nachmittag vollständig am Computer verbracht wird, ohne dass das Kind zum Toben oder Spielen mit anderen Kindern kommt. Einigen Sie sich deshalb mit Ihrem Kind auf ein Zeitlimit für die Arbeit am PC, das genau eingehalten wird. Erstellen Sie einen Plan, wann Ihr Kind wie lange am Computer spielen oder arbeiten darf. Wenn Sie sich genau an die Abmachungen halten, wird auch Ihr Kind diese Zeiten akzeptieren. Eine Stunde täglich ist übrigens mehr als ausreichend.
Wenn Sie diese Ratschläge befolgen, wird Ihr Kind viel Freude und Erfolg bei der Arbeit mit diesem Buch haben.

Welche Software ist richtig für Ihre Kinder?

Der Markt für Kindersoftware wird immer größer und damit auch unübersichtlicher. Aus diesem Grund ist es schwierig, einzelne Softwareprodukte zu bewerten oder auch nur zu beschreiben. Dennoch kann man sagen, dass die Qualitätsunterschiede zwischen verschiedenen Produkten durchaus immens sind. So finden die geplagten Eltern in den überfüllten Regalen neben manchen hochwertigen und pädagogisch sinnvollen Programmen leider auch viel zu oft völlig ungeeignete Produktionen, die die Kinder bestenfalls langweilen, oft aber auch mit völlig ungeeigneten Inhalten konfrontieren.
Das Ende vom Lied ist dann entweder, dass die ja häufig nicht gerade preiswerten Programme im Regal verstauben oder dass unerwünschte Effekte wie zum Beispiel stundenlange »Ballerorgien« im Kinderzimmer eintreten.

Trotzdem sind Eltern nicht ganz hilflos, wenn es darum geht, zum Geburtstag oder Weihnachten ein kindgerechtes Programm zu erwerben, das vielleicht sogar noch eine positive Auswirkung auf die Schulnoten haben könnte.

Mittlerweile gibt es verschiedene Publikationen in Form von Büchern oder auch spezielle Rubriken in verschiedenen Zeitschriften, die Kinderprogramme testen und bewerten. Das bietet zwar keine endgültige Sicherheit, liefert aber doch schon wichtige Vorabinformationen.

Grundsätzlich sollten Sie jedes neue Programm mindestens einmal mit Ihrem Kind gemeinsam durchspielen, damit Sie wissen, womit Ihr Kind sich unter Umständen stundenlang beschäftigt. Auch sind Kinder trotz der bunten Oberflächen vieler Programme oft mit der Bedienung und Steuerung überfordert, da diese häufig nicht besonders kindgerecht ist.

Solche Programme werden von den Kindern oft gemieden, obwohl sie mit ein wenig Anleitung durchaus einigen Spiel- und Lernspaß versprechen würden.

Da es nach wie vor keine ausreichenden gesetzlichen (oder keine befriedigende Umsetzung der bestehenden) Regelungen bezüglich des Verkaufs von Computerspielen an Kinder und Jugendliche gibt, sollten verantwortungsvolle Eltern ohnehin ab und zu einen Blick auf die Software werfen, die der Nachwuchs auf dem PC installiert hat. Nicht selten verbergen sich dahinter brutale und Gewalt verherrlichende Spiele, die – wenn überhaupt – nur Erwachsenen zugänglich sein sollten.

Rechtliche Aspekte

Für Eltern und Lehrer ist es nicht immer leicht zu durchschauen, welche Software von Kindern gekauft, getauscht, kopiert und genutzt wird. Machen Sie deshalb Ihren Kindern klar, dass Software ein besonderer Gegenstand ist, der bei falscher oder rechtswidriger Benutzung fatale Konsequenzen nach sich ziehen kann.

Achten Sie darauf, dass Ihre Kinder keine Raubkopien von Programmen einsetzt und nicht im Besitz von indizierten Programmen ist. Kinder haben oft keinerlei Unrechtbewusstsein, was das Kopieren und Weitergeben von Computerspielen an Freunde angeht. Auch wenn dieses Verhalten zum Teil durch die überhöhten Preise der Spieleindustrie gefördert wird, macht Ihr Kind sich strafbar, wenn es Kopien von eigenen Programmen herstellt und diese weitergibt. Diese Straftaten werden (auch wenn sie wie Kavaliersdelikte erscheinen) von den Behörden und der Industrie zunehmend härter verfolgt und bestraft.

Raubkopien sind widerrechtlich hergestellte Kopien von Originalprogrammen. Grundsätzlich gilt für Software, dass der Benutzer höchstens eine Sicherheitskopie für den eigenen Bedarf herstellen darf. Jede weitere Kopie und vor allem die Weitergabe an Dritte ist ausdrücklich untersagt.

Indizierte Programme sind solche, die wegen ihres Inhaltes in Deutschland nicht verkauft werden dürfen. Meist handelt es sich dabei um extrem brutale Spiele, die Kindern ohnehin nicht zugänglich gemacht werden sollten. Leider können Kinder diese Programme oft trotz der Indizierung problemlos erwerben.

Das Computer-lexikon

Im Computerlexikon werden die wichtigsten Begriffe und Fachwörter aus der Computersprache erklärt. Falls du hier ein Wort suchst und nicht finden kannst, schreib mir doch einfach mal eine E-Mail. Meine E-Mail-Adresse lautet:

robbi.roboter@linomail.de

Absturz

Absturz nennt man den Zustand eines Computers, wenn ein Programm überhaupt nicht mehr funktionieren will, und wenn man es auch nicht mehr beenden kann. Oft hilft dann nur, den Computer aus- und wieder einzuschalten. Dabei können aber Daten verloren gehen. Bevor du also auf den Reset-Schalter drückst, frag' lieber deine Eltern!

Account

Ein Account (sprich: »äkount«) ist ein Konto bei einem Internet-Anbieter. Über deinen Account (oder den deiner Eltern) kannst du dich im Internet anmelden. Wenn es um E-Mails geht, spricht man auch von einem E-Mail-Account. Das ist dann das E-Mail-Postfach, das du oder deine Eltern bei ihrem Internet-Provider haben.

Alt-Taste

Die [Alt]-Tasten findest du links und rechts neben der Leertaste (das ist die ganz lange Taste unten auf der Tastatur). Bei manchen Programmen muss man eine [Alt]-Taste zusammen mit einer anderen Taste drücken, um eine bestimmte Funktion auszuführen.

Animation

Unter Animation versteht man alles, was sich auf dem Bildschirm bewegt. In Computerspielen gibt es meistens viel Animation, oft auch in Lernprogrammen. Programme zum Arbeiten, wie zum Beispiel ein Textverarbeitungsprogramm, haben meist keine Animationen.

Anmelden

Wenn du ins Internet willst oder deine E-Mails abholen möchtest, musst du dich im Normalfall erst einmal anmelden. Das Anmelden geschieht, indem du deinen Namen und ein Kennwort oder ein Passwort eingibst. Erst wenn du alles richtig eingegeben hast, wird die Verbindung zum Internet hergestellt. Dein Passwort darfst du natürlich nie jemandem verraten. Das Anmelden nennt man manchmal auch »Einloggen« oder »Log in«.

Anwender

Ein Anwender ist jede Person, die einen Computer benutzt; also auch du. Auf Englisch nennt man Anwender auch »User« (sprich: »juser«).

Anwendungsprogramm

Anwendungsprogramme werden alle Programme genannt, mit denen man arbeiten und etwas herstellen kann. Textverarbeitung und Grafikprogramme sind Anwendungsprogramme. Spiele gehören zum Beispiel nicht zu den Anwendungsprogrammen.

Apple

Apple (sprich: »äppel«) heißt auf deutsch »Apfel« und ist der Name einer Firma, die Computer herstellt. Hier bei uns in Europa gibt es nicht so viele Apple-Computer. Apple-Computer werden besonders gerne von Grafikern oder Architekten benutzt.

Arbeitsplatz

Oft wird ein einzelner Computer auch als Computerarbeitsplatz oder einfach als Arbeitsplatz bezeichnet.

Arbeitsspeicher

Der Arbeitsspeicher ist das Gedächtnis des Computers. Während der Arbeit werden hier alle Informationen aufbewahrt. Beim Ausschalten des Computers werden alle Informationen aus dem Arbeitsspeicher gelöscht. Erst durch das Speichern werden Informationen auf die Festplatte gesichert. Deshalb sollte man seine Arbeit immer regelmäßig auf der Festplatte speichern.

Audiodaten

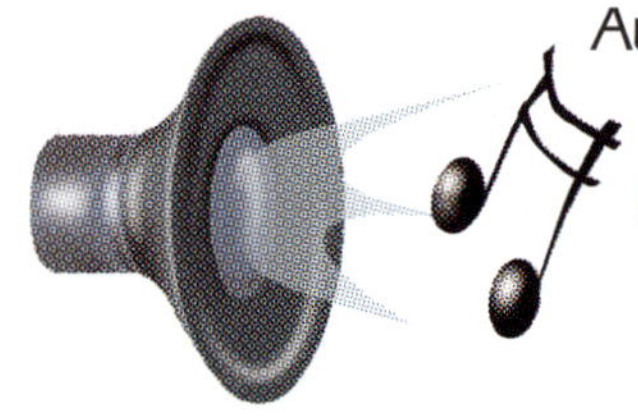

Audiodaten oder Audiodateien sind solche Daten, die Töne in Form von Musik, Geräuschen oder Sprache beinhalten. Audiodateien können in unterschiedlichen Formaten vorliegen. Zum Beispiel als WAV- oder als MP3-Dateien. Du erkennst die Formate an der Dateiendung. Um die Audiodateien anzuhören, brauchst du in manchen Fällen ein spezielles Abspielprogramm.

Auflösung

Die Auflösung betrifft die Einstellungen für den Computermonitor. Je höher die Auflösung ist, desto mehr passt auf den Bildschirm. Allerdings werden alle Dinge bei höheren Auflösungen immer kleiner. Deshalb braucht man für ganz hohe Auflösungen einen besonders großen Monitor. Die Farbauflösung gibt an, wie viele Farben ein Monitor oder eine Grafikkarte darstellen kann. Die meisten Computer können Millionen verschiedener Farben anzeigen.

Ausgabegeräte

Ausgabegeräte sind alle Geräte, die an den Computer angeschlossen werden, und über die etwas vom Computer ausgegeben wird. Beispiele dafür sind der Monitor und der Drucker.

Backslash

Das Zeichen »\« wird Backslash (sprich: »bäcksläsch«) genannt. Du musst das Zeichen nur selten auf der Tastatur eingeben. Wenn du es benötigst, kannst du es durch gleichzeitiges Drücken der Tasten [Alt Gr] und [ß] erzeugen.

Backspace-Taste

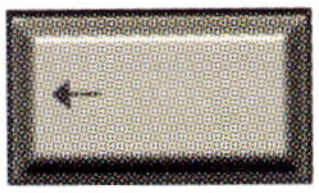

Die Backspace-Taste [⇦] (sprich: »bäckspäis«) befindet sich direkt über der Return-Taste [↵]. Auf ihr ist ein Pfeil abgebildet, der nach links zeigt. Mit der [⇦]-Taste kannst du zum Beispiel in einem Text den Buchstaben löschen, der links vom Cursor steht.

Backup

Als Backup (sprich: »bäckap«) bezeichnet man jede Art von Datensicherung. Datensicherungen sind Kopien der Daten, die auf der Festplatte des Computers gespeichert sind. Damit die Daten nicht verloren sind, falls der Computer einmal nicht mehr funktioniert, kopiert man alle Daten auf unterschiedliche Datenträger und bewahrt diese gut auf. Wenn die Originaldaten einmal zerstört werden, kann man mit den Kopien weiterarbeiten.

BASIC

BASIC (sprich: »beisik«) ist der Name einer der ersten Programmiersprachen, die erfunden wurden, um Computerprogramme zu schreiben. BASIC gibt es auch heute noch, zum Beispiel als Programmiersprache »Visual Basic«.

Benutzerkonto

Schau unter »Account« nach!

Benutzeroberfläche

Als Benutzeroberfläche eines Programms wird all das bezeichnet, was du sehen kannst, wenn du ein Programm startest. Bei guten Benutzeroberflächen verstehst du ziemlich schnell, wie du mit dem Programm arbeiten musst und wie alles funktioniert. Bei einer schlechten Benutzeroberfläche musst du ständig im Handbuch nachlesen, wie das Programm bedient wird. Mit schlechten Benutzeroberflächen zu arbeiten, macht meist keinen Spaß.

Betriebssystem

Das Betriebssystem ist das wichtigste Programm des Computers. Es wird automatisch gestartet, wenn der Computer eingeschaltet wird. Das Betriebssystem sorgt dafür, dass der Computer richtig funktioniert. Es ist für alles verantwortlich, was in den Computer hineingeht und herauskommt. Die meisten Computer arbeiten mit dem Betriebssystem Windows. Es gibt aber auch noch andere Betriebssysteme wie zum Beispiel »Linux« oder »MacOS«.

Bildschirmschoner

Wenn ein Monitor zu lange das gleiche Bild anzeigt ohne dass sich auf dem Bildschirm irgendetwas ändert, kann es vorkommen, dass sich das Bild auf dem Monitor einbrennt. Das heißt, dieses Bild ist auch später immer noch als Schatten zu sehen, selbst dann, wenn der Monitor etwas anderes anzeigt. Um das zu vermeiden gibt es so genannte Bildschirmschoner. Ist ein Bildschirmschoner eingeschaltet, werden nach einer bestimmten Zeit, in der sich nichts auf dem Bildschirm verändert hat, bewegte Bilder angezeigt, die das Einbrennen verhindern.

Bitmap

Ein Bitmap (sprich: »bitmäp«) ist ein spezielles Format, in dem Grafiken und Bilder gespeichert werden können. Bei Bitmaps besteht jedes Bild aus vielen kleinen Punkten, so genannten Pixeln.

Bookmark

Schau unter »Favorit« nach!

Booten

Booten (sprich: »buuten«) nennt man den Startvorgang des Computers. Beim Booten wird nicht nur das Betriebssystem des Computers geladen, sondern es werden auch alle wichtigen Grundfunktionen des Computers überprüft. Wenn der Computer beim Booten feststellt, dass irgendetwas nicht richtig funktioniert, gibt er eine Fehlermeldung auf dem Monitor aus.

Browser

(sprich: »brauser«) »to browse« heißt auf englisch so viel wie »durchblättern«. Und genau das kann auch ein Browser. Ein Internet-Browser blättert sozusagen durchs Internet. Der Internet Explorer von Microsoft ist zum Beispiel ein solches Programm, mit dem du dir Seiten im Internet anschauen und durch Klicken auf Bilder und Links zu anderen Seiten wechseln kannst. Die meisten Internet-Browser bieten darüber hinaus noch mehr Möglichkeiten, wie zum Beispiel das Speichern von Internet-Adressen oder von ganzen Web-Seiten. Außer dem Internet Explorer gibt es noch andere Browser, zum Beispiel den »Netscape Communicator« oder den Browser »Opera«.

Bug

Ein Bug (sprich: »bak«) ist ein Fehler in einem Computerprogramm. Solche Fehler sind gar nicht so selten. Wenn also irgendetwas mal gar nicht funktionieren will, könnte es auch ein Bug sein. Übrigens heißt der Bug so, weil in einem der ersten Computer ein Käfer (auf Englisch heißt ein Käfer »bug«) einen Kurzschluss, also einen Fehler verursacht hat.

Bugfix

Ein Bugfix ist die Behebung eines Fehlers in einem Softwareprogramm. Häufig werden kleine Bugfix-Programme nachträglich installiert, um bestimmte Fehler bei bereits installierten Programmen zu beheben. Das kommt zum Beispiel bei Computerspielen ziemlich häufig vor.

CAD

CAD ist die Abkürzung für »Computer Aided Design«. Das ist englisch und bezeichnet Computerprogramme, mit deren Hilfe man Zeichnungen für die Konstruktion von Maschinen, Häusern oder anderen Dingen herstellen kann.

CD-ROM

Eine CD-ROM ist eine flache silberne Scheibe, die genauso aussieht wie eine Musik-CD. Auf einer CD-ROM können Daten und Programme gespeichert werden. Der Vorteil von CD-ROMs besteht darin, dass auf ihnen sehr viel Platz zur Speicherung von Daten vorhanden ist. Deshalb sind auf CD-ROMs oft Programme gespeichert, die viele Bilder, Klänge oder Videos enthalten.

CeBit

CeBit ist der Name einer der größten Computermessen der Welt. Eine Messe ist so etwas wie ein großer Marktplatz, wo alle Leute etwas verkaufen oder kaufen wollen. Auf der CeBit-Messe, die jedes Jahr in Hannover stattfindet, zeigen alle großen Computerhersteller und Softwarefirmen ihre neuesten Geräte und Programme.

CGI

Das »Common Gateway Interface« (CGI) ist eine Möglichkeit für deinen Computer, direkt Daten an einen Server im Internet zu übertragen. Das geschieht zum Beispiel, wenn du im Internet ein Formular ausfüllst, etwa um deinen Namen oder deine E-Mail-Adresse einzutragen.

Channel

Ein Channel (sprich: »tschännel«) ist ein Kanal, über den du mit Freunden oder auch mit ganz unbekannten Personen chatten kannst. Ähnlich wie beim Radio oder Fernsehen haben die einzelnen Kanäle bestimmte Themen. Wenn du dich also für Pop-Musik interessierst, wählst du zum Beispiel den Pop-Channel. Als Fußball-Fan bist du allerdings im Sport-Channel besser aufgehoben.

Chat

(sprich: »tschät«) Im Englischen heißt »to chat« einfach »plaudern« oder »sich unterhalten«. Genau das kannst du im Internet auf bestimmten Chat-Servern auch tun. Wenn du dich in einen Chat-Raum oder in einen Chat-Kanal begibst, kannst du alles mitlesen, was die anderen Chatter zu »sagen« haben. Und du kannst ihnen natürlich auch antworten.

Chatiquette

Ähnlich wie die Netiquette (sprich: »nettikett«) umfasst auch die Chatiquette (»tschättikett«) Benimmregeln, in denen festgelegt ist, wie man sich im Internet und insbesondere in Chat-Räumen verhalten sollte.

Client

Client (sprich: »kleient«) bedeutet Kunde. Bezeichnet werden damit Computer oder Programme, die als »Kunden« bestimmte Dinge oder Dienste von einem Anbieter (Server) anfordern. Zum Beispiel ist dein Computer ein Client des Internet-Servers und dein E-Mail-Programm ist ein E-Mail-Client, der vom Mail-Server Dienste anfordert.

Cookie

Ein Cookie (sprich: »kucki«) ist eine kleine Datei, die ein Internet-Server meist ohne dein Wissen auf deinem Computer speichert. Durch das Cookie können er oder andere Server im Internet später feststellen, wo du schon überall hingesurft bist. Manche Cookies können auch Informationen wie zum Beispiel deinen Namen speichern. Wundere dich also nicht, wenn du auf eine Web-Seite kommst und sofort mit deinem richtigen Namen begrüßt wirst. Man kann die Annahme von solchen Cookies aber auch im Browser sperren oder Programme benutzen, die die Cookies automatisch immer wieder löschen.

CPU

CPU ist die Abkürzung für »Central Processing Unit«. Das ist englisch und ist die Bezeichnung für das wichtigste Teil des ganzen Computers. Die CPU (oder der Zentralprozessor) befindet sich im Computergehäuse auf der Hauptplatine. Die meisten CPUs werden von den Firmen Intel und AMD hergestellt. Am Namen der CPU kannst du oft erkennen, wie schnell sie arbeitet. Insbesondere für Computerspiele benötigt man besonders schnelle CPUs.

Cursor

Der Cursor (sprich: »körser«) ist der kleine blinkende Strich, der dir in einem Textverarbeitungsprogramm anzeigt, an welcher Stelle du gerade schreibst. Schau dir das einmal im Programm WordPad an, dann siehst du den Cursor sofort.

Oft wird auch der Mauszeiger als Cursor bezeichnet. Dann spricht man von einem Mauscursor.

Cyberspace

Als Cyberspace bezeichnet man die künstliche Welt im Internet. Der Name wurde von einem Science-Fiction-Autor namens William Gibson erfunden, der spannende Bücher darüber schreibt, wie das Internet die Welt in der Zukunft verändern kann.

Datei

Eine Datei ist eine gespeicherte Einheit, die die unterschiedlichsten Dinge enthalten kann. Wenn du zum Beispiel einen Brief mit einem Textverarbeitungsprogramm schreibst und ihn abspeicherst, entsteht eine Datei. Genauso gut kann eine Datei ein Bild oder Musik enthalten. Dateien, die zu Programmen gehören, kann man nicht lesen, anschauen oder anhören. Auf der Festplatte des Computers sind manchmal tausende von Dateien gespeichert. Damit kein Durcheinander entsteht, werden Dateien in Ordnern organisiert.

Datenbank

Eine Datenbank funktioniert wie ein gutes Notizbuch, in dem die Seiten nach Buchstaben geordnet sind. In einem Datenbankprogramm kann man zum Beispiel Adressen von Freunden und Bekannten oder alle möglichen anderen Dinge sammeln. Das Datenbankprogramm sortiert die Daten dann zum Beispiel nach dem Alphabet, und man kann alles blitzschnell wiederfinden.

Datenschutz

Viele Daten, die gespeichert werden, enthalten Informationen über verschiedene Leute. Da nicht jeder möchte, dass seine persönlichen Daten für andere zugänglich sind, gibt es Datenschutzgesetze. Ein solches Gesetz besagt zum Beispiel, dass Daten über andere Personen geheim gehalten werden müssen und nicht einfach weitergegeben werden dürfen.

Datensicherung

Eine Datensicherung ist immer dann wichtig, wenn du sicher gehen willst, dass deine gespeicherten Daten nicht eines Tages einmal zerstört oder gelöscht werden. Das könnte zum Beispiel dann der Fall sein, wenn dein Computer einmal kaputt geht. Aus diesem Grund ist es wichtig, von Zeit zu Zeit die gespeicherten Daten auf Disketten oder andere Datenträger zu kopieren und an einem sicheren Ort aufzubewahren. Für regelmäßige Datensicherungen gibt es besondere Datensicherungsprogramme.

Datenträger

Datenträger ist die allgemeine Bezeichnung für Disketten, CD-ROMs, Festplatten, Datenbänder und alle anderen so genannten Medien, auf denen Daten gespeichert werden können.

Datenübertragung

Bei einer Datenübertragung werden Daten oder Programme von einem Computer auf einen anderen übertragen. Je nachdem, wie die Computer miteinander verbunden sind, kann eine Datenübertragung direkt über Netzwerkkabel oder auch über Telefonverbindungen und über das Internet stattfinden.

Desktop

Als Desktop (sprich: »däsktop«) wird die Arbeitsoberfläche von Windows bezeichnet. Desktop ist englisch und bedeutet »Schreibtisch«.

Diskette

Eine Diskette ist ein Datenträger, auf dem Daten und Programme gespeichert werden können. Disketten eignen sich gut dazu, kleinere Datenmengen von einem Computer zum anderen zu transportieren. Für größere Datenmengen sind sie wegen ihrer geringen Speicherkapazität nicht geeignet. Aus diesem Grund werden heute nur noch wenige Programme auf Disketten ausgeliefert. Stattdessen werden fast immer CD-ROMs oder DVDs verwendet.

DNS

DNS ist die Kurzform von »Domain Name System«. Dieses System legt fest, wie Computer im Internet benannt werden. Jeder Computer braucht nämlich im Internet einen eindeutigen Namen, damit er Daten verschicken und empfangen kann.

Domäne (Domain)

Eine Internet-Domain ist eine Website, die einen eigenen DNS-Namen hat. Du kannst also einfach zu dieser Website gelangen, indem du ihren Namen in die Adresszeile deines Internet-Browsers eingibst. Deshalb werden die Begriffe »Website« und »Domain« auch häufig gleich verwendet.

Download

Ein Download (sprich: »daunlohd«) ist das Herunterladen von Daten von einem anderen Computer. Das bedeutet, dass von dem anderen Computer Dateien wie zum Beispiel Texte, Bilder oder Musik auf deinen Computer übertragen werden. Das Gegenteil vom Download ist eine »Upload«.

Drucker

Der Drucker gibt das, was du mithilfe des Computers geschrieben oder gemalt hast, auf Papier aus. Auf diese Weise kannst du Briefe schreiben und ausdrucken, oder Kunstwerke, die du zum Beispiel mit Paint gemalt hast, auf Papier ausgeben. Manche Drucker können sogar farbig drucken; die sind für das Ausdrucken von Bildern besonders gut geeignet.

DVD

Die DVD ist die Nachfolgerin der CD-ROM. Sie ist genau wie die CD-ROM eine silberne Scheibe, auf der Daten gespeichert werden können. Im Vergleich zur CD-ROM kann eine DVD jedoch viel mehr Daten speichern. Deshalb werden DVDs auch dazu verwendet, ganze Kinofilme oder auch besonders große Datenmengen, die zum Beispiel bei einem Lexikonprogramm vorkommen, zu speichern.

E-Mail

E-Mail (sprich: »imähl«) ist die Bezeichnung für die elektronische Post, die in Netzwerken zwischen Computern verschickt werden kann. Genau wie bei einem normalen Brief auch wird eine E-Mail-Nachricht von dem Computer des Absenders losgeschickt und landet dann in der so genannten Mailbox, also im Briefkasten des Empfängers.

E-Mail-Adresse

Um E-Mails empfangen zu können, benötigt man eine E-Mail-Adresse. Diese Adresse bekommt man von seinem Internet-Provider, oder man kann sie sich selbst aussuchen. E-Mail-Adressen bestehen immer aus folgenden Teilen: Zuerst kommt der Name des Empfängers, dann kommt das so genannte AT-Zeichen (@) und danach der Name des Computers im Internet, bei dem der Empfänger sein E-Mail-Postfach hat. Zum Beispiel: robbi.roboter@linomail.de

Eingabegeräte

Eingabegeräte sind alle Geräte, mit deren Hilfe man Daten in den Computer eingeben kann. Dazu gehören auch alle Steuergeräte wie Tastatur, Maus, Joystick oder ein Lenkrad für Rennspiele.

Einloggen

Schau unter »Anmelden« nach!

Emoticons

Das sind kleine Symbole, die beim Chatten dazu benutzt werden, um Gefühle oder Stimmungen anzuzeigen, die man ja ansonst nicht erkennen kann. Beispiele sind :-) , :-(oder ;-) . Emoticons werden oft auch Smileys genannt. Kannst du dir vorstellen warum?

Explorer

Der Windows-Explorer ist ein Programm, das dir eine genaue Übersicht über alle Dateien gibt, die auf deinem Computer gespeichert sind. Der Windows-Explorer gehört zum Betriebssystem Windows und wird automatisch auf deinem Computer installiert. Im Explorer werden die Dateien und Ordner als kleine Symbole dargestellt, die mit der Maus angeklickt oder bewegt werden können. Auf diese Weise kannst du mit dem Explorer auch Dateien und Ordner kopieren, verschieben oder löschen.

FAQ

FAQ ist die Abkürzung für »Frequently Asked Questions«. Das heißt auf deutsch einfach »häufige Fragen«. FAQs gibt es zu fast jedem Thema im Internet. Du solltest immer erst die FAQ-Liste zu einem Thema durchlesen, bevor du eine Frage stellst. Viele Fragen sind in den FAQ-Listen nämlich schon beantwortet und es wird nicht gerne gesehen, wenn diese Fragen dann noch einmal gestellt werden.

Favorit

Favoriten sind im Internet Explorer von Microsoft die Web-Adressen, die man speichert, weil man zu diesen Seiten später noch einmal zurückkehren möchte. Die Favoriten heißen bei anderen Browsern auch »Bookmarks« oder einfach nur »Lesezeichen«.

Fehlermeldung

Eine Fehlermeldung erscheint auf dem Monitor, wenn ein Programm nicht richtig funktioniert oder wenn du bei der Bedienung eines Programms einen Fehler gemacht hast. Wenn du eine Fehlermeldung nicht verstehst, frage einfach deine Eltern.

Festplatte

Die Festplatte ist der wichtigste Datenträger deines Computers. Die Festplatte ist im Computergehäuse eingebaut und kann eine große Menge an Programmen und Daten speichern. Wenn du mit deinen Eltern einen neuen Computer kaufst, solltet ihr darauf achten, dass die Festplatte genügend Kapazität hat, um alle Programme und Spiele speichern zu können.

Flatrate

Die Flatrate (sprich: »fläträit«) ist ein besonderer Tarif bei einem Internet-Provider. Man zahlt nur einmal im Monat einen festen Betrag und kann dafür so lange und so oft im Internet surfen, wie man will. Ob sich eine Flatrate für dich und deine Familie lohnt, hängt davon ab, wie oft ihr im Internet unterwegs seid.

Font

Font ist ein anderes Wort für Zeichensatz. Ein Zeichensatz ist ein Satz von Buchstaben und Zahlen, die ein bestimmtes Aussehen haben.

Freeware

Freeware (sprich: »friewär«) ist Software, die du kostenlos benutzen darfst.

FTP

FTP ist die Abkürzung für »File Transfer Protocol«. Dieses Protokoll ist eine festgelegte Vorgehensweise, mit der Computer im Internet untereinander Daten übertragen können.

Funktionstasten

Die so genannten Funktionstasten befinden sich oberhalb der Buchstabentasten auf der Computertastatur. Sie haben die Bezeichnungen F1 – F12 und dienen dazu, mit einem Tastendruck eine bestimmte Funktion in einem Programm aufzurufen. Die Taste F1 ruft zum Beispiel bei allen Windows-Programmen die Hilfefunktion auf.

Gästebuch

Als Gästebuch bezeichnet man die Möglichkeit, auf einigen Websites eigene und für alle anderen Besucher lesbare Nachrichten zu hinterlassen. Achte hier unbedingt darauf, dass du in solchen Gästebüchern nie persönliche Daten wie deinen wirklichen Namen oder gar Adresse und Telefonnummer preisgibst.

Grafikkarte

Die Grafikkarte ist ein Bauteil des Computers, das sich im Inneren des Computergehäuses befindet. Grafikkarten unterscheiden sich in der Geschwindigkeit, in der sie Bilder auf dem Monitor darstellen können und durch die Anzahl der Farben, die sie darstellen können. Ganz wichtig ist, dass das Bild der Grafikkarte auf dem Monitor nicht flimmert. Davon kann man nämlich Kopfschmerzen bekommen.

Grafikprogramme

Grafikprogramme sind Programme, mit denen man Bilder malen oder bearbeiten kann.

Hacker

Hacker sind Leute, die sich sehr gut mit Computern und mit der Programmierung von Computern auskennen. Allerdings benutzen die Hacker ihr Wissen nicht dazu, um neue Programme zu entwickeln, sondern dringen in fremde Computernetze ein, in denen sie nichts zu suchen haben.

Handbuch

Ein Handbuch ist ein Buch, in dem genau beschrieben wird, wie ein Computer, ein bestimmtes Gerät oder ein Programm funktioniert. Im Handbuch eines Programms findet man zum Beispiel eine Erklärung dazu, wie das Programm gestartet wird, welche Funktionen es hat und wie man es bedient. In vielen Programmen ist ein Handbuch bereits eingebaut. Man drückt in diesem Fall die Taste [F1], und das Handbuch oder die Hilfefunktion erscheint auf dem Bildschirm.

Hardware

Als Hardware bezeichnet man alle Teile des Computers, die man anfassen kann. Dazu gehören also alle Computerteile und alle Geräte, die an den Computer angeschlossen werden. Nicht zur Hardware gehört die Computersoftware. Das sind dann alle Programme (auch das Betriebssystem), die auf einem Computer installiert werden können.

Hausaufgabenhilfe

Im Internet gibt es viele Websites, die sich mit Schulthemen befassen. Einige dieser Adressen bieten auch eine so genannte Hausaufgabenhilfe an. Du findest auf diesen Web-Seiten dann Tipps und Tricks für deine Hausaufgaben und manchmal sogar fertige Aufsätze, die du allerdings nicht einfach abschreiben, sondern nur als Hilfe benutzen darfst.

Hilfefunktion

Unter Hilfefunktion versteht man eine Art Computerhandbuch, das automatisch auf dem Bildschirm erscheint, wenn man die Taste F1 drückt. Fast alle Windows-Programme haben eine solche Hilfefunktion, die erklärt, wie das Programm bedient wird. Probier' das doch einfach mal bei verschiedenen Programmen aus!

Homepage

Die Homepage (sprich: »hohmpeitsch) ist die Startseite einer Website. Das heißt, es ist die Hauptseite, die aufgerufen wird, wenn du eine Internet-Adresse in deinem Browser eingibst und so die Verbindung zu einer Website herstellst.

HTML

HTML ist die Abkürzung für »Hyper Text MarkUp Language« und der Name der Programmiersprache, mit der Seiten im Internet geschrieben werden. Im HTML-Code einer Web-Seite steht genau drin, was auf der Seite an welcher Stelle und wie angezeigt wird. Außerdem wird im HTML-Code festgelegt, was passiert, wenn du auf eine bestimmte Stelle auf der Web-Seite klickst.

HTML-Editor

Ein HTML-Editor ist ein Programm, mit dem man den HTML-Code und damit das Aussehen und die Funktion von Web-Seiten bearbeiten kann. Mit einem HTML-Editor kannst du auch ganz neue Web-Seiten erzeugen. Wenn der Editor die Bezeichnung WYSIWYG hat, bedeutet das, dass du schon im Editor genau sehen kannst, wie die Seite später aussehen wird. Ein solcher Editor ist also gut geeignet, wenn du selbst Web-Seiten programmieren willst.

Hyperlink

Ein Hyperlink (sprich: »heiperlink«) ist eine Verbindung auf einer Web-Seite zu einer anderen Web-Seite oder zu einem anderen Punkt auf der gleichen Web-Seite. Hyperlinks können Wörter oder Bilder sein, die du einfach nur anklicken musst, um zum Beispiel zu einer ganz anderen Stelle oder zu einer anderen Web-Seite zu springen. Die Wörter, die als Hyperlinks funktionieren, sind meist blau dargestellt. Hyperlink-Bilder erkennst du leicht daran, dass sich der Mauszeiger verändert, wenn du mit der Maus über dem Bild stehst.

Icon

Ein Icon (sprich: »eikon«) ist ein Symbol, also ein grafisches Zeichen, das für ein bestimmtes Programm steht. Klickt man das Programm-Icon an, kann man das Programm zum Beispiel starten. Bei Windows haben aber nicht nur Programme Icons, sondern auch Ordner oder Laufwerke des Computers.

Installation

Bevor ein Programm auf einem Computer in Betrieb genommen werden kann, muss es erst einmal installiert werden. Dazu legt man eine Diskette oder eine CD-ROM in das entsprechende Laufwerk ein und startet ein Installationsprogramm. Installationsprogramme haben meistens Namen wie `Install.exe` oder `Setup.exe`. Das Installationsprogramm kopiert dann automatisch alle benötigten Dateien auf die Festplatte, und man kann danach mit dem neuen Programm arbeiten.

Intel

Intel heißt eine große Firma, die Prozessoren (CPUs, siehe dort) für Computer herstellt. Intel hat als eine der ersten Firmen CPUs hergestellt und auch den berühmten Pentium-Prozessor erfunden.

Internet

Das Internet ist ein riesiges Computernetzwerk, das um die ganze Welt reicht. An diesem Netzwerk kann jeder teilnehmen. Man braucht dazu nur ein Modem oder eine ISDN-Karte im Computer, einen Telefonanschluss und einen Internet-Zugang über einen Internet-Anbieter. Wenn du noch keinen Internetzugang hast, frag' doch mal deine Eltern danach!

Internet-Browser

Schau unter »Browser» nach!

Internet Explorer

Der Internet Explorer ist ein Internet-Browser der Firma Microsoft, die auch das Betriebssystem Windows herstellt. Deshalb ist der Internet Explorer auch meist schon auf deinem Computer vorhanden, wenn du das Betriebssystem Windows benutzt. Wenn du noch keinen Internet Explorer hast, kannst du ihn kostenlos auf vielen CD-ROMs zum Beispiel in Computerzeitschriften finden.

Internet-Provider

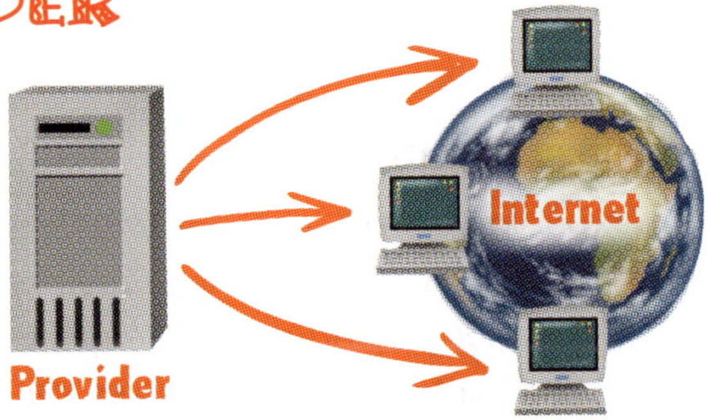

Ein Internet-Provider (sprich: »proweider«) ist ein Internet-Anbieter, der dir oder deinen Eltern gegen Bezahlung einen Zugang zum Internet anbietet. Weil du deinen Computer nicht direkt mit dem Internet verbinden kannst, musst du die Hilfe eines Internet-Providers in Anspruch nehmen.

Es gibt Internet-Provider, bei denen man einen Vertrag abschließen muss, und andere, bei denen man einfach die Internet-Verbindung über eine bestimmte Telefonnummer herstellen kann. Die nennt man dann »Call-by-Call-Provider«. Die Internet-Provider stoppen ganz genau, wie lange du im Internet gewesen bist. Je länger, desto teurer wird es dann auch – es sei denn, du hast eine so genannte Flatrate.

ISDN-Karte / ISDN-Modem

Eine ISDN-Karte oder ein ISDN-Modem brauchst du, wenn du deinen Computer über einen digitalen Telefonanschluss (ISDN-Telefonanschluss) mit dem Internet verbinden willst. Die ISDN-Karte wird in den Computer eingebaut. Ein ISDN-Modem wird mit einem Kabel an den Computer angeschlossen.

ISP

Kurzform für »Internet Service Provider« Schau unter »Internet-Provider« nach!

Java

Java ist eine Programmiersprache, die häufig zur Programmierung im Internet eingesetzt wird.

Kennwort

Das Kennwort ist ein geheimes Wort, das du benötigst, um eine Verbindung zu dem Internet-Server deines Providers herzustellen. Das Kennwort dient dazu, dass nur jemand diese Internet-Verbindung benutzen kann, der auch dazu berechtigt ist. Deshalb ist es ganz besonders wichtig, dass du dein Kennwort immer geheim hältst und es wirklich niemals jemandem verrätst. Wenn jemand dein Kennwort kennt, kann er auf deine Kosten im Internet surfen, und du hast hinterher den Ärger.

Klicken

Als Klicken bezeichnet man das Herunterdrücken einer Taste der Computermaus. Man kann einfach klicken oder auch zweimal ganz kurz hintereinander: Das nennt man dann Doppelklick.

Komprimierte Dateien

Oft werden Dateien komprimiert (zusammengepresst), damit sie kleiner werden und so weniger Speicherplatz benötigen. Das macht man im Internet sehr häufig, weil die Daten umso schneller übertragen werden, desto kleiner sie sind. Um komprimierte Dateien wieder benutzen zu können, benötigst du ein Programm zum Entpacken der komprimierten Dateien.

Konto

Schau unter »Account« nach!

Kopieren

Kopieren ist das Übertragen von Daten oder Programmen auf einen anderen Datenträger. Man kann zum Beispiel einzelne Dateien kopieren oder auch ganze Disketten oder CD-ROMs. Wenn du zum Beispiel deinem Freund eine Bilddatei zeigen möchtest, die du mit Paint gemalt hast, kannst du einfach diese Datei auf eine Diskette kopieren und die Diskette mit zu deinem Freund nehmen. Dort könnt ihr euch das Bild dann auf seinem Computer anschauen.

Kopierschutz

Ein Kopierschutz verhindert, dass man zum Beispiel von einer Diskette oder einer CD-ROM eine Kopie herstellen kann. Damit soll verhindert werden, dass manche Leute Raubkopien von Programmen herstellen.

Laserdrucker

Beim Laserdrucker wird das, was auf das Papier gedruckt wird, mithilfe eines Laserstrahls übertragen. Deshalb ist der Druck eines Laserdruckers so sauber und sieht fast so aus wie in einem gedruckten Buch. Leider sind Laserdrucker, die in Farbe drucken können, sehr teuer. Dazu nimmt man besser einen Drucker, der mit Tinte arbeitet.

Laufwerkname

Jedes Laufwerk deines Computers hat einen Namen. Das Diskettenlaufwerk heißt »Laufwerk A:«, die erste Festplatte heißt »Laufwerk C:« usw. Auch CD-ROM-Laufwerke werden auf diese Weise benannt.

Lesezeichen

Schau unter »Favorit« nach!

Link

Schau unter »Hyperlink« nach!

Log in

Schau unter »Anmelden« nach!

Löschen

Löschen ist das Entfernen einer oder mehrerer Dateien oder Ordner von der Festplatte des Computers oder auch von einer Diskette. Dateien, die gelöscht wurden, kann man nicht mehr benutzen. Das Löschen einer Datei ist das gleiche, als ob man ein Blatt in den Papierkorb wirft.

Mailbox

Eine Mailbox (sprich: »mäilbox«) ist ein elektronischer Briefkasten. Wenn ein Computer an ein Netzwerk angeschlossen ist, kann er elektronische Briefe empfangen und verschicken. Die Briefe (E-Mails), die er verschickt, landen in der Mailbox des Empfängers.

Mailing-Liste

Eine Mailing-Liste ist eine Mail-Verteilerliste. Wenn du bei einer Mailing-Liste mitmachst, bekommst du alle Mails, die die anderen Teilnehmer an die Liste schicken. Umgekehrt können alle anderen auch deine Mails lesen. Mailing-Listen sind ideal, um Erfahrungen und Tipps zu einem bestimmten Thema auszutauschen. Um an einer Mailing-Liste teilzunehmen, musst du dich bei der Liste anmelden. Wie das geht, erfährst du meist auf der Homepage der Liste.

Maus

Die Computermaus dient dazu, einen kleinen Pfeil auf dem Monitor zu bewegen. Befindet sich der Pfeil zum Beispiel über einem Programmsymbol, so kann das Programm durch Drücken der linken Maustaste gestartet werden. Genauso einfach können auch Dinge auf dem Bildschirm verschoben werden, oder es können mit der Maus Bilder gemalt werden. Beim Klicken gibt es den linken oder rechten Mausklick und den Doppelklick, bei dem die linke Maustaste zweimal kurz hintereinander gedrückt wird.

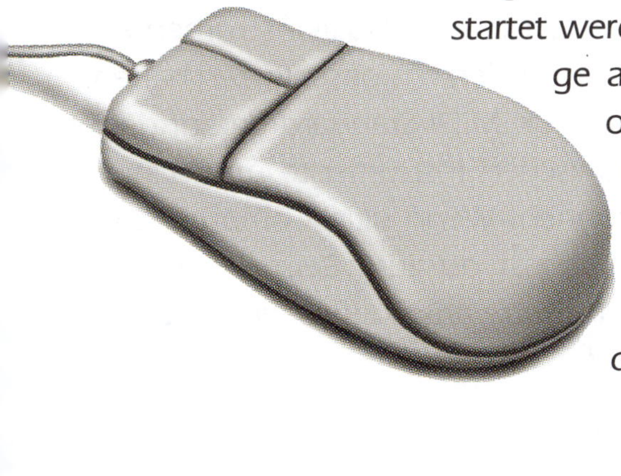

Media Player

Der Media Player ist ein Programm, das (fast) alle Media-Dateien auf deinem Computer abspielen kann. Insbesondere Musikdateien und Videodateien können mit dem Media Player wiedergegeben werden.

Menü

Als Menü wird die Auswahlleiste bezeichnet, über die man in den meisten Programmen Befehle und Funktionen aufrufen kann. Unter Windows sind die Menüs der Programme meistens ähnlich. So haben alle Windows-Programme immer ein Menü namens `Datei` und ein Menü mit dem Namen `Bearbeiten`.

Microsoft

Microsoft (sprich: »maikrosoft«) ist der Name der größten Computerfirma der Welt. Microsoft stellt vor allem Softwareprogramme her. Berühmt geworden ist Microsoft vor allem durch die Entwicklung von Windows und durch sein Textverarbeitungsprogramm Word.

MIDI

MIDI ist die Bezeichnung für eine Abmachung, die Hersteller von elektronischen Musikinstrumenten, Soundkarten und anderen Geräten geschlossen haben. Die haben sich nämlich im MIDI-Standard darauf geeinigt, dass alle elektronischen Instrumente miteinander verbunden werden können. Wenn dein Computer eine MIDI-Soundkarte hat, kannst du zum Beispiel ein Keyboard direkt an die Soundkarte anschließen und mit dem Computer Musik machen.

Modem

Ein Modem ist ein Gerät, mit dessen Hilfe es möglich ist, Computerdaten über die Telefonleitung von einem Computer zu einem anderen zu übertragen. Mithilfe eines Modems ist es auch möglich, Daten aus dem Internet zu empfangen oder ins Internet zu schicken. Ein Modem wird auf der einen Seite an den Computer und auf der anderen Seite an eine Telefonsteckdose angeschlossen.

Monitor

Ein Monitor funktioniert so ähnlich wie ein Fernsehgerät. Allerdings zeigt er keine Filme an, sondern dient als Ausgabegerät deines Computers. Auf diese Weise zeigt er Texte, Grafiken und manchmal sogar Computervideos an.

MP3

MP3 ist die Abkürzung für »MPEG Audio Layer 3« und gleichzeitig die Dateiendung von Musikdateien im MP3-Format. MP3-Musikdateien haben den Vorteil, dass sie sehr klein sind und deshalb gut über das Internet transportiert werden können.

Beim Herunterladen von MP3-Musikdateien musst du ein wenig aufpassen, weil es sich dabei manchmal um Raubkopien handelt, die du nicht auf deinen Computer downloaden darfst.

MS-DOS

MS-DOS ist der Name eines älteren Betriebssystems, das ziemlich kompliziert zu bedienen war. Weil MS-DOS so umständlich war, wurde Windows erfunden, mit dem die Computerbedienung einfacher funktioniert.

Multimedia

Multimedia ist die allgemeine Bezeichnung für alle Programme, die nicht nur Text auf dem Bildschirm anzeigen, sondern auch bewegte Bilder, Videos, Sprache und Musik ausgeben.

Multiplayer-Games

Multiplayer-Games sind Spiele, die du nicht nur allein an deinem Computer, sondern auch gemeinsam mit anderen in einem Netzwerk oder auch im Internet spielen kannst. Bei den Online-Spielen im Internet gibt es solche, die du (bis auf die Kosten für die Internet-Verbindung) kostenlos benutzen kannst und solche, für die du extra bezahlen musst.

Nadeldrucker

Beim Nadeldrucker werden kleine Nadeln gegen ein Farbband gedrückt, das dann auf dem Papier einen Farbpunkt hinterlässt. Nadeldrucker werden heute nur noch selten eingesetzt. Allerdings braucht man sie überall da, wo mithilfe von Pauspapier beim Drucken Durchschläge hergestellt werden.

Netiquette

Die Netiquette (sprich: »nettikett«) sind die Benimmregeln für das Internet. Hier ist festgelegt, wie man sich beim Schreiben von E-Mails, von Beiträgen in Mailing-Listen oder in Newsgruppen verhalten sollte. Die Netiquette brauchst du nicht auswendig zu lernen. Verhalte dich im Internet einfach zu jedem immer freundlich; dann kannst du nichts falsch machen. Wenn du mal nicht weißt, wie du dich verhalten sollst, kannst du in Mailing-Listen oder Newsgruppen einfach fragen. Dort wird dir immer jemand erklären, wie's funktioniert.

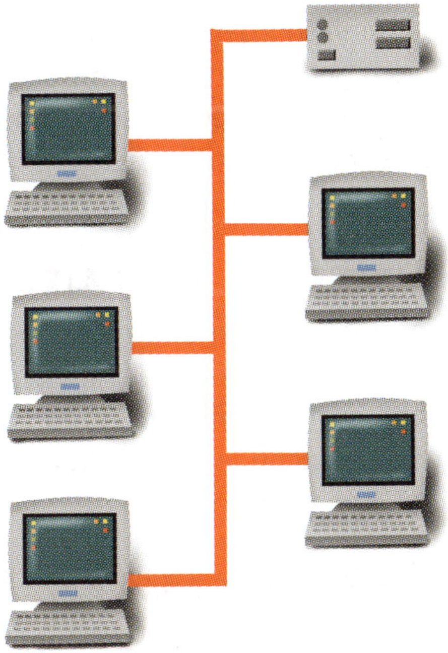

Netzwerk

Ein Netzwerk ist ein Verbund von mehreren Computern. Computer sind in einem Netzwerk mit Kabeln oder über Telefonleitungen verbunden. Auf diese Weise können sie Daten hin- und herschicken oder zum Beispiel gemeinsam einen Drucker nutzen.

Newsgroups

Newsgroups (sprich: »njuhsgruhps«) sind riesige »schwarze Bretter« im Internet, an denen jeder seine Nachrichten in Form von Mails aushängen kann. Es gibt Newsgruppen zu fast allen erdenklichen Themen. Bevor du selbst eine Mail an eine Newsgruppe schreibst, solltest du vorher die Beiträge der anderen Teilnehmer lesen, damit du nicht Fragen stellst, die schon oft beantwortet wurden.

Nickname

Nickname (sprich: »nicknaim«) heißt auf deutsch Spitzname und ist im Internet einfach irgendein Name, den du dir selbst zum Beispiel in einem Chat-Raum geben kannst. Insbesondere beim Chatten solltest du nie deinen richtigen Namen verwenden, sondern dir immer einen Nickname aussuchen, unter dem du auftrittst.

Online-Nachhilfe

Es gibt im Internet einige Angebote, die eine Online-Nachhilfe anbieten. Meist sollst du dort deine Aufgaben per Mail einschicken, und sie werden dann später korrigiert. Ob eine Online-Nachhilfe wirklich so gut funktioniert wie eine richtige, musst du allerdings selbst ausprobieren.

Online-Training

Online-Training ist Unterricht, der nicht in einer Schulklasse oder in einem Seminarraum stattfindet, sondern online über das Internet. Dazu gibt es verschiedene Lernprogramme und Websites, die solche Kurse anbieten. Wenn du so etwas machen möchtest, kannst du es vielleicht zuerst mal mit einem kostenlosen Angebot ausprobieren.

Ordner

Ordner sind Behälter für Dateien. Ein Ordner kann zum Beispiel Dateien zu einem bestimmten Thema oder auch weitere Ordner enthalten. Wie der Name schon sagt, dienen Ordner dazu, Ordnung auf der Festplatte zu halten. Ohne Ordner würden alle Dateien durcheinander purzeln und eine bestimmte Datei wäre sehr schwer zu finden.

Paint

Paint (sprich: »päint«) ist der Name des Malprogramms, das zusammen mit Windows ausgeliefert wird. Mit Paint kann man eine ganze Menge verschiedener Sachen anstellen, wie zum Beispiel Striche, Rechtecke oder Kreise in vielen verschiedenen Farben malen.

Passwort

Schau unter »Kennwort« nach!

Pauschalgebühr

Schau unter »Flatrate« nach!

Pentium

Pentium ist der Name eines Zentralprozessors (CPU), den die Firma Intel entwickelt hat. Intel ist einer der größten Hersteller von CPUs für Computer.

Pixel

Das Bild auf einem Computermonitor ist aus vielen kleinen Punkten zusammengesetzt, so ähnlich wie bei einem Mosaik. Die Punkte auf dem Computermonitor sind allerdings viel kleiner als Mosaiksteine und heißen Pixel.

Portal

Als Portal (= Tor) bezeichnet man eine Website, die man als Startseite ins Internet benutzt, und die viele Verbindungen zu Seiten im Internet anbietet.

Programmiersprachen

Programmiersprachen sind besondere Programme, mit denen man neue Programme herstellen kann. Mit einer Programmiersprache schreibt man Anweisungen für den Computer, damit dieser weiß, was er tun soll. Das Programmiersprachenprogramm übersetzt dies dann für den Computer. Die meisten Programmiersprachen sind nicht ganz leicht zu erlernen. Um zu sehen, wie eine Programmiersprache funktioniert, ist für Kinder zum Beispiel die Sprache LOGO oder, wenn du dich schon gut mit Computern auskennst, auch Visual Basic geeignet. Programmiersprachen für Fortgeschrittene sind zum Beispiel C++, Delphi oder Java.

Provider

Schau unter »Internet-Provider« nach!

Public Domain

Als Public Domain (sprich: »pablik domäin«) werden bestimmte Programme bezeichnet, für deren Benutzung man kein Geld bezahlen muss. Meist stammen Public-Domain-Programme von Hobbyprogrammierern, die ihre Programme kostenlos verteilen. Public-Domain-Programme dürfen von jedem benutzt und weitergegeben werden; sie dürfen aber nicht verändert oder verkauft werden.

Schau auch unter »Freeware« nach!

RAM

RAM ist der Fachausdruck für Arbeitsspeicher. Der Arbeitsspeicher eines Computers ist der Speicherplatz, in den alle Daten geladen werden, die der Computer während seiner Arbeit braucht. Im Gegensatz zur Festplatte können die Daten im Arbeitsspeicher viel schneller verarbeitet werden.

Raubkopie

Eine Raubkopie ist eine Kopie eines Programms, eines Musikstücks, eines Films oder irgendeiner anderen Sache, die ohne Genehmigung hergestellt wurde. So darf man zum Beispiel nicht einfach eine Kopie von einer CD-ROM herstellen und die dann an jemand anderen weitergeben. Auch »selbstgebrannte« Spiele sind Raubkopien.

Wer Raubkopien herstellt, verteilt oder sogar verkauft, macht sich strafbar und kann in ganz schlimmen Fällen sogar ins Gefängnis kommen!

Reset-Taste

Die Reset-Taste (sprich: »riessett«) ist ein besonderer Schalter am Computer, mit der der Computer kurz aus- und wieder eingeschaltet werden kann. Die Reset-Taste sollte nur dann benutzt werden, wenn der Computer abgestürzt ist, das heißt, wenn gar nichts mehr funktioniert, und auch die Eingabe über die Tastatur keine Wirkung mehr zeigt. Die Reset-Taste lässt sich oft nur mithilfe eines spitzen Gegenstands eindrücken, damit sie nicht versehentlich betätigt wird. Aber Vorsicht: Nach Drücken der Reset-Taste sind alle Daten verloren, die vor dem Absturz noch nicht gespeichert wurden.

Scanner

Ein Scanner (sprich: »skänner«) ist ein Gerät, mit dem man Bilder, Fotos, Grafiken oder Texte in einen Computer übertragen kann. Es gibt Scanner, die so aussehen wie Fotokopiergeräte, und bei denen die Vorlage auf eine flache Scheibe gelegt wird. Diese Scanner heißen Flachbettscanner. Kleinere Scanner, die von Hand über die Vorlage gezogen werden, nennt man Handscanner.

Schnittstellen

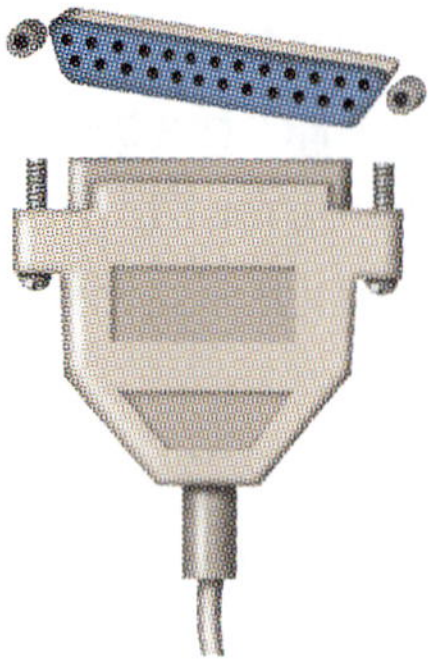

Als Schnittstellen werden alle Anschlüsse am Computer bezeichnet, an die Geräte wie Drucker, Maus oder Monitor angeschlossen werden. Es gibt z. B. so genannte serielle, parallele, PS2- oder USB-Schnittstellen. Die seriellen Schnittstellen übertragen Daten langsamer und haben Pins. Die parallelen sind schneller und haben Löcher. Mäuse werden zum Beispiel an die PS2-, Drucker meist an die parallele Schnittstelle angeschlossen.

Serienbrief

Als Serienbrief werden solche Briefe bezeichnet, die mit gleichem Inhalt an viele verschiedene Adressaten verschickt werden. Moderne Textverarbeitungsprogramme haben eine so genannte Serienbrieffunktionen. Damit wird der gleiche Brief immer wieder mit neuen Adressen und der zur Adresse passenden Anrede ausgedruckt.

Server

Ein Server (sprich: »sörwer«) ist ein Computer im Internet oder in einem anderen Netzwerk, der für andere Computer oder Programme bestimmte Funktionen oder Dienste anbietet. So hat zum Beispiel dein Internet-Provider einen oder mehrere Server im Internet, die für deinen und andere Computer den Zugang zum Internet bereitstellen. Ein Mail-Server hat zum Beispiel die Aufgabe, die eingehenden und ausgehenden E-Mails zu verwalten.

Shareware

Als Shareware (sprich: »schärwär«) werden Computerprogramme bezeichnet, bei denen der Autor, also der Besitzer des Programms, seinen Kunden erlaubt, das Programm erst auszuprobieren, bevor Sie es kaufen. Auf diese Weise kann jeder vor dem Kauf prüfen, ob das Programm für ihn geeignet ist. Gefällt es ihm, muss er es nach einer bestimmten Zeit kaufen. Wenn nicht, darf er es nicht weiterbenutzen, muss aber auch nichts bezahlen.

Shockwave

Shockwave (sprich: »schockwäif«) ist der Name eines kleine Zusatzprogramms, das dein Internet-Browser benötigt, um bestimmte Web-Seiten richtig anzeigen zu können. Solche Zusatzprogramme nennt man auch Plugins. Sie erweitern die Fähigkeiten des Internet-Browsers.

Sicherheitskopie

Als Sicherheitskopie bezeichnet man einen kopierten Datenträger (zum Beispiel eine Diskette), auf dem Daten eines anderen Datenträgers sicherheitshalber noch einmal gespeichert sind. Sicherheitskopien von Programmen darfst du nur für den eigenen Gebrauch machen, nicht aber dafür, um ein Programm auf einem zweiten Computer zu installieren.

Site

Schau unter »Website« nach!

Sitemap

Eine »map« ist eine Landkarte. Eine Sitemap (sprich: »saitmäp«) ist eine Übersichtskarte über alle Seiten einer Website.

Sitzung

Sitzung nennt man die Zeit, die ein Benutzer online im Internet unterwegs ist. Wenn die Verbindung beendet wird, ist auch die Sitzung beendet.

Smiley

Schau unter »Emoticons« nach!

Software

Software ist die allgemeine Bezeichnung für jede Art von Daten, die auf irgendeinem Datenträger gespeichert sind. Dazu gehören zum Beispiel Programme, Texte, Bilder, Musik und vieles mehr. Wichtig ist nur, dass es auf einem Datenträger gespeichert ist und vom Computer gelesen werden kann. Das Gegenteil von Software ist Hardware. Dazu gehören dann zum Beispiel alle Bauteile des Computers.

Soundkarte

Eine Soundkarte ist ein Bauteil des Computers, mit dessen Hilfe du Musik, Sprache und Geräusche zu bestimmten Programmen hören kannst. Soundkarten kann man auch nachträglich einbauen. Wenn deine Eltern eine Soundkarte kaufen, achte darauf, dass sie auch gut klingt. Am besten lasst ihr euch den Sound beim Händler erst einmal vorführen. Wenn du ein Keyboard hast, solltest du darauf achten, dass die Soundkarte einen MIDI-Anschluss besitzt, damit du auch selbst damit Musik machen kannst.

Speicherplatz

Jedes Programm und jede Datei benötigt eine gewisse Menge Platz, wenn sie gespeichert werden. Deshalb spricht man in diesem Fall von Speicherplatz. Genauso sagt eine Speicherplatzangabe einer Festplatte aus, wie viele Daten darauf gespeichert werden. Auch die Größe des Arbeitsspeichers (RAM) ist eine Speicherplatzangabe. Speicherplatz wird normalerweise in Kilobyte, in Megabyte oder in Gigabyte angegeben. Je größer ein Programm ist, desto mehr Speicherplatz benötigt es.

Startseite

Die erste Seite einer Website. Schau auch unter »Homepage« nach!

Suchdienst

Suchdienste sind bestimmte Server im Internet, die dir dabei helfen, Informationen und andere Dinge im Internet zu finden. Weil das Internet so riesengroß ist, sind Suchdienste wie zum Beispiel die »Blinde Kuh« oder »AltaVista« fast die einzige Möglichkeit, bestimmte Dinge zu finden. Manche Suchdienste durchsuchen Tag und Nacht mithilfe automatischer Programme das Internet. Diese Suchdienste nennt man auch Suchmaschinen. Bei anderen Suchdiensten sortieren Menschen die Internet-Seiten in verschiedene Kategorien. Solche Suchdienste nennt man Kataloge.

Suchmaschine

Schau unter »Suchdienst« nach!

Surfen

Unter Surfen (sprich: »sörfen«) versteht man das Springen von einer Web-Seite zur anderen oder ganz allgemein einfach das Benutzen des Internets.

Textverarbeitung

Unter einem Textverarbeitungsprogramm oder kurz einer Textverarbeitung versteht man ein Programm, das einem dabei hilft, Texte zu schreiben, so zu bearbeiten, dass sie gut aussehen und immer wieder zu verbessern, bis man damit zufrieden ist. Manche Textverarbeitungsprogramme bieten hunderte von Funktionen wie zum Beispiel eine Serienbrieffunktion. Andere haben nicht ganz so viele Möglichkeiten, reichen aber für den Alltag vollkommen aus. Zu diesen Programmen gehört auch beispielsweise auch das Textverarbeitungsprogramm WordPad, die zum Lieferumfang von Windows gehört. Du findest es in der Programmgruppe Zubehör.

Tintenstrahldrucker

Sicher weißt du schon, dass es unterschiedliche Druckertypen gibt. Bei Tintenstrahldruckern werden die einzelnen Buchstaben, Zeichen und Grafiken durch kleine Tintentropfen erzeugt, die auf das Papier gespritzt werden. Tintenstrahldrucker werden heute fast überall eingesetzt. Besser drucken nur noch Laserdrucker.

Treiber

Treiber sind kleine Programme, die zum Beispiel von Druckern oder Grafikkarten benötigt werden, damit diese richtig funktionieren.

Trialversion

Trialversionen (sprich: »treielversionen«) von Softwareprogrammen sind so genannte »Probierversionen«. Das heißt, du kannst das Programm eine bestimmte Zeit lang benutzen (zum Beispiel 30 Tage), um auszuprobieren, ob du es kaufen möchtest. Danach funktioniert es nicht mehr, es sei denn, du kaufst das Programm.

Update

Ein Update (sprich: »apdäit«) eines Softwareprogramms ist eine neue Programmversion, die zum Beispiel mehr Möglichkeiten bietet als die alte, oder in der bestimmte Dinge besser funktionieren. Man kauft ein Update eines Programms meist zu einem gegenüber einer Vollversion verbilligten Preis.

URL

URL steht für »Uniform Resource Locator« und ist die offizielle Bezeichnung für eine Adresse im World Wide Web.

Username

Auf deutsch bezeichnet der Username den Benutzernamen, also den Namen, mit dem man sich zum Beispiel auf seinem Computer oder im Internet anmeldet.

Versionsnummer

Versionsnummer nennt man die Zahl, die oft hinter dem Namen eines Programms steht. Zum Beispiel ist bei dem Programm »Word 6.0« die Versionsnummer 6.0 (sprich: »6 Punkt 0«). Wenn ein Programm gerade erst ganz neu programmiert wurde, bekommt es die Versionsnummer 1.0. Im Laufe der Zeit fallen den Programmierern dann noch bessere Ideen ein, oder Fehler, die noch im Programm steckten, werden herausgenommen. Dann gibt es eine neue Version, zum Beispiel 2.0 usw. Manchmal wird auch statt der Versionsnummer die Jahreszahl des Jahres benutzt, in dem ein Programm erschienen ist; zum Beispiel Windows 2000.

Verzeichnis

Verzeichnis ist ein anderes Wort für »Ordner«. Verzeichnisse (oder Ordner) kannst du dir vorstellen wie einen Aktenordner, in den alle Dokumente kommen, die zu einem bestimmten Thema gehören. So könntest du zum Beispiel in dem Ordner Bilder alle Bilder abspeichern, die du mit dem Malprogramm Paint hergestellt hast.

Viren

Computerviren sind kleine Programme, die keinen anderen Sinn haben, als die Arbeit am PC zu stören. Oftmals können Virenprogramme sogar Daten zerstören oder löschen. Viren verstecken sich oft in anderen Programmen und werden zum Beispiel über Disketten oder auch über das Internet übertragen. Bei E-Mails solltest du nie eine angehängte Datei öffnen, wenn du nicht genau weißt, von wem sie stammt und was sie beinhaltet.

Webcam

(sprich: »wepkäm«) Eine Videokamera, die ihre Bilder ins Internet überträgt.

Webmaster

Der Webmaster ist die Person, die für eine bestimmte Website zuständig ist. Oft ist der Webmaster auch der Programmierer oder die Programmiererin der Website.

Web-Seite

Eine Seite im World Wide Web. Eine Web-Seite kann Texte, Bilder, Musik und sogar Videos enthalten. Web-Seiten kannst du dir mit einem Internet-Browser anschauen.

Webserver

Schau unter »Server« nach!

Website

Eine Website (sprich: »wepsait«) ist die Gesamtheit aller Web-Seiten, die zu einer Internet-Adresse gehören. Man erreicht die Website meist über die Startseite oder die Homepage. Von dort aus kann man zu den einzelnen Seiten der Website verzweigen.

Windows

Windows ist der Name eines Betriebssystems, mit dessen Hilfe der Computer fast vollständig über grafische Zeichen und mit der Computermaus bedient werden kann. Windows wurde von der Firma Microsoft entwickelt. Von Windows gibt es verschiedene Varianten wie zum Beispiel Windows 98, Windows ME oder Windows 2000. Windows ist das Betriebssystem, das am häufigsten auf PCs benutzt wird.

World Wide Web

Das World Wide Web (sprich: »wörld wäid wep«), abgekürzt WWW, ist ein Teilbereich des Internets, der den Zugriff auf Websites mithilfe eines Browsers möglich macht. Viele Seiten des World Wide Web sind über Hyperlinks miteinander verbunden.

Zugangsberechtigung

Für die Arbeit in einem Netzwerk oder im Internet benötigst du eine Zugangsberechtigung. Meist wird mithilfe eines Kennworts oder Passworts überprüft, ob der Benutzer eine Zugangsberechtigung besitzt.